クリエイティブなマーケティング

パーパスを起点に
新しい顧客体験をつくる
PJMメソッド

藤平達之
Tatsuyuki Tohei
株式会社博報堂
戦略CD／UXデザイナー

現代書林

はじめに　難しい「けど楽しい」と思えるか

「マーケティングやブランディングがどんどん難しくなっている」という話を、よく聞きます。多くの製品が機能で差別化できなくなっていること、デジタル化の進展に伴う情報過多やマーケティング手法の高度化などが、よく理由として挙げられています。

かつては、めくるめく速度で、製品のスペックが進化していきました。テレビはどんどん薄くなり、デジカメの画素数が倍々ゲームで増えていく。

つまり、**自分が持っているものが、すぐ「古く」なっていった**。ガラケーの画素や和音がどんどん増えていった時代を、私も鮮明に覚えています。

ただ、当たり前ですが、モノづくり大国・日本でも、ずっとこんな時代が続くわけではありません。スペックは横並びになり、生活必需品と呼ばれるものはもちろん、多くのものをみんなが持っているように。結果、**生活者は〝満腹〟になったのに、似たような〝食事〟が提供され続ける**、という状態が生まれました。

「情報過多」も、とんでもない状況にあります。博報堂DYメディアパートナーズ・メディア環境研究所の「メディア定点調査」によれば、メディア総接触時間（1日あたり・週平均）は、450・9分（2021年）。一方で、例えばですが、世界でアップロードされる

YouTubeの動画は、1分あたりで500時間分だといいます。

情報も、製品やサービスと同様に、供給が需要を大きく上回っており、いうならば、**生活者は、情報という砂が吹き荒れる砂漠に、ぽつんと一人立っているような状況**です。

それに加えて、ステルスマーケティング（企業からの依頼であることを隠して、生活者が特定のサービスや商品を宣伝すること）やランキングの操作など、悪質な情報発信も、残念ながら増えてしまった。

結果、**企業の発信する情報が、すぐには信用されなくなってきている**ようにも思います。

そして、デジタル化も、マーケティングを難しくしました。デジタルには、スペースの制約がなく、売り方もグッと自由になったので、**異種格闘技を戦わなければいけません**。なんなら、新しいルールも作れるようになっています。

さらに、**ソーシャルメディアがブランドを透明にしました**。いろいろなことが、すぐにバレる、そして叩かれることもある。多くのブランドにとって「炎上」の二文字は、なんとしても避けたいことではないでしょうか。

機能で差別化できない、情報過多と情報疲れ、デジタル時代の異種格闘技戦。

もっというと、少子高齢化と人口減少で国内のお客さんはどんどん減っていく――。

一方、グローバルに向けた製品／サービス開発や情報発信も必要になる。これだけの変化が重なれば、マーケティング／ブランディングにも、新しいアプローチが必要になりそうです。

そんな状況なのに、**「大変だ」「難しい」と嘆きながら、これまでと同じ理論や発想法をベースにしているケース**もよく聞きます。

私は、**難しいけれど「楽しい」のが、今のマーケティング／ブランディング**であると思っています。今の時代のマーケティングやブランディングは楽しい。楽しいといっても、爆笑するような楽しさではもちろんなく、**「自分の発想や気づきが突破口になる」**というクリエイティブな楽しさです。めちゃくちゃネガティブに始まった（ように見える）本書ですが、私の思考はいたってポジティブです。

そして、この本のテーマである「**PJMメソッド**」は、こういった想いで開発した、マーケティング／ブランディングの新しい発想法であり、実践型のアプローチです。

ここで、少しだけ自己紹介をさせていただきます。

私は、博報堂、そして博報堂グループのクリエイティブブティックであるSIXという会社で、**「ストラテジック・クリエイティブ・ディレクター（戦略CD）」「UXデザイナー」**

（UX＝ユーザーエクスペリエンス＝顧客体験）という2つの肩書きを持って仕事をしています。

戦略CDというのは、博報堂で2021年にできた肩書きです。現在、博報堂グループには約10名おり、私が最年少。戦略CDが目指しているのは**「縦の統合」**で、**戦略設計からクリエイティブディレクションまで一気通貫して取り組む**業務を担います（分かりやすく言うと、市場調査も広告制作もリードする立場です）。

これは、私自身のキャリアと重なるところがあります。入社して約4年は、ストラテジックプラニングの部門でクライアントの戦略開発を支援。各種リサーチや新商品のコンセプト開発、コミュニケーション戦略の設計などを担当してきました。

その後、クリエイティブの部門へ異動し、プラナーとしてTVCM、PR、キャンペーンなど、さまざまなクリエイティブ制作に携わるという、かっこよく言えば〝両利き〟のキャリアを過ごしてきました。

もうひとつの肩書きであるUXデザイナーが目指すのは**「横の統合」**です。少し前までは、広告会社のクリエイターには、広告（TVCMなど）を作ることが求められていました。

ただし、課題解決において、必ずしも広告が最適とは限らないケースが増えてきた。例えば私も、課題に応じてデジタルサービスを作ったり、プロダクトを作ったり、書籍を出版したりしてきました。シンポジウムの運営も、分析ツールの開発も、業務提携をプロデュースすることも、クリエイターになってから担当した仕事です。

つまり、**「いろいろな手口を駆使して最適なUXを作ること」**が、今の時代の広告会社のクリエイターに求められているわけです。

私は、そんな**縦と横の統合を掛け算**しながら、**戦略を起点に顧客体験のためのさまざまなアイデアを作って**、つまり、左脳と右脳を行き来しながら、約10年間、博報堂で仕事をしています。

話を戻すと、「PJMメソッド」は、**戦略思考とクリエイティブジャンプ（思考が一気に飛躍する瞬間）を両立**させるための、マーケティング／ブランディングの新しい手法。タイトルの通り、**「クリエイティブなマーケティング」**を実現するためのアプローチを体系化したものです。

「PJMメソッド」では、まず、**ブランドがこの社会に存在する意義を「パーパス（P）」として規定**します。

その後、生活者がその**ブランドに対して持つ本当の欲求＝「ジョブ（J）」**を見つけ出し、**それが表れる具体的な瞬間＝「モーメント（M）」**を発見していきます。

最終的には、この3つの視点を掛け算して、ブランドが提供するべき「顧客体験（UX）」

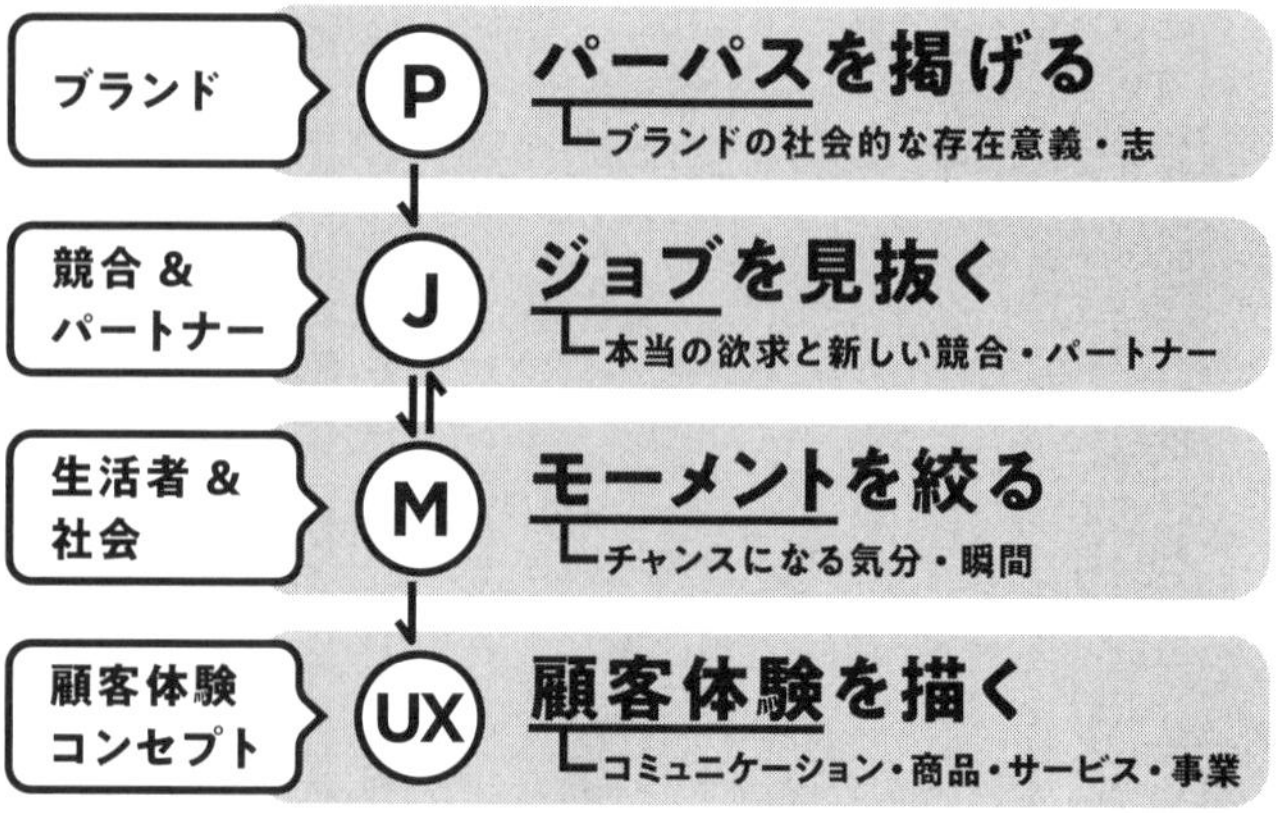

【図1】PJMメソッドのステップ

のコンセプトを作って、アイデア開発につなげていくのです【図1】。

パーパス、ジョブ、モーメントという言葉は、キーワードとして流行ったこともあり、マーケターやクリエイターにはなじみのある概念だと思いますが、それらを**組み合わせるのが、このメソッドの新しさ**かもしれません。

それぞれについて、もう少しだけ解説します。

「パーパス」は**ブランドの存在意義**のこと。「そのブランドが社会になぜ存在しているのか？」「そのブランドがあると社会にどんないいことが増えるのか？」を、社会に向けて規定しようという考えです。

「ジョブ」は、生活者が**そのブランドにお金を払う本当の理由・欲求**を指します。インサイト（生活者とブランドの「新しい／意外な関係性」の発見）やアンメットニーズ（まだ満たされていない潜在的な気持ちのこと）を、より深掘りした概念といえると思います。表面的なニーズに対して、**深層的なジョブ**、という整理をされたりもします。

ジョブを見つけた先に考えるのがフレネミーです。フレネミーは、フレンド（友達）とエネミー（敵）を組み合わせた言葉で、パートナーにも競争相手にもなり得る存在のこと。同一カテゴリ内だけではなく、**ブランドの新しいシェアソースになる〝思わぬ味方／敵〟となる存在**を見つけていきます。

例えば、この本は、隣に並んでいる本だけでなく、気になっていたオンラインセミナーや、この後行くカフェ代などと比較されているかもしれません。買っていただけた後は、ドラマや眠気などとの時間の競い合いが始まるでしょうし、読書タイムのコーヒーとは相性がよくなるでしょう（書いていて、コーヒーチケットと一緒に販売したらよさそうだと気づきました）。

最後の「モーメント」は、**生活者がブランドを欲するリアルな瞬間**のこと。欲しい！使いたい！と思ってもらえる瞬間がいつなのかを考えます。それは、**内的な感情と外的な環境**に区分できるので、**ソーシャルメディアを駆使**しながら、ブランドの追い風になる瞬間を見つけ出していきます。

例えば、この本は、「部署異動があったとき」「新年度」「次年度戦略策定の業務が始まるとき」などが、購入のキッカケになるモーメントかもしれません。

パーパスで「ブランドの存在意義」が決まり、ジョブとモーメントで「リアルな欲求と瞬間」が明らかになる。そうすると、その先に、**ブランドとして提供するべき顧客体験**が見えてきます。それは、例えば、どんなキャッチコピーなのか、どんな新しいサービスなのか、などです。

実際に、私たちは、PJMメソッドを用いて、広告コミュニケーションはもちろん、ゼロから金融サービスを作ったり、IoTプロダクトの顧客体験を開発したり、事業統合を推進したり、日用品ブランドのリブランディングに取り組んだり、多くのクライアントとさまざまな顧客体験を実装してきました。

本書は、大きく4つのブロックから構成されています。

Part1では**「新しいマーケティングの兆し」**と題して、従来のマーケティングが抱える問題点や、今求められる新しい視点について紹介します。PJMメソッドの前提となる部分です。

Part2〜5がPJMメソッドの解説です。**「P：パーパスを掲げる」「J：ジョブを見抜く」「M：モーメントを絞る」**と題して、それぞれの理論と実践法を紹介した後、どのように統合して顧客体験の開発につなげていくかを、**「UX：理想の顧客体験を描く」**のパートで紹介します。

Part6はケーススタディです。15個の本書オリジナルのケーススタディを通じて、PJMメソッドの活用の仕方を、具体的に紹介していきます。

最後のPart7では**「DXを加速させるPJMメソッド」**と題して、DX（デジタル・トランスフォーメーション）とPJMメソッドの関係性を説明していきます。

最近、コロナ禍の影響もあって、多くのブランドがDXを進めていますが、とにかくあらゆるものをデジタルに置き換えていくだけで、意義や目的が不在になっているケースも少なくありません。

DXの本質は、デジタルやテクノロジーを活用してブランドやビジネスの「新しい価値や顧客体験を生み出す」こと。つまり、DXはPJMメソッドと相性がよいのです。

Part1からお読みいただけると、理論（抽象）から実践（具体）へと理解がしやすいと思いますが、みなさんの課題意識に合わせて、好きなパートから読み始めていただければと思います。

変化する社会でブランドや、私たち自身に求められるのは、**「意志と想像力を持ってやり抜くこと」**だと思います。パーパス・ジョブ・モーメントを起点に顧客体験を設計していくクリエイティブなマーケティング／ブランディングの発想法を、本書で余すことなく紹介していきたいと思います。

ご自身のブランドを思い浮かべながら、ときにエクササイズ的に手を動かしながら、ぜひお付き合いいただければと思います。

2021年10月

最近ハマってるフィナンシェを食べながら

博報堂／SIX
戦略CD／UXデザイナー
藤平 達之

目次

Part 3

J：ジョブを見抜く

Part 4

M：モーメントを絞る

Part 5
UX：理想の顧客体験を描く

Part 6

15のケースで知るPJMメソッド

Part 1

新しい
マーケティングの
兆し

「欲しがりの生活者」は絶滅危惧種になった

「ブランディングは不変、マーケティングは可変」

振り子の支点と重りのイラストとともに、私がストラテジックプラニング部門に配属された直後の研修で習った内容です。語呂のよさのおかげで忘れずにきましたが、約10年たって思い返すと、非常に本質的な言葉だと思っています。

ブランドは、古代ケルト語のbrandor（焼印を付けるという意味）に由来し、最初は、牧場で放牧されている自分の牛を見分けるための「焼印」のことだったと言われています。

アメリカマーケティング協会（AMA：American Marketing Association）によれば**「個別の売り手の財やサービスを識別させ、競合他社のものと区別するための名称、言葉、記号、シンボル、デザイン、およびその組み合わせ」**だと定義されています。

すなわち、ブランドは**「識別・区別のための独自の印」**であり、だからこそ不変なのです。そして、長期的な時間軸で語られることが多いです。

一方のマーケティングは、同じく、AMAが**「顧客、依頼人、パートナー、社会全体にとって価値のある提供物を創造・伝達・配達・交換するための活動であり、一連の制度、**

そしてプロセス」だと定義しています。

そのプロセスをシンプルに分解すると、**①環境分析、②戦略（STP=セグメンテーション・ターゲティング・ポジショニング）、③戦術（4P=プロダクト、プレイス、プライス、プロモーション）、④マネジメント**、という4段階になります。

もしかすると、ピーター・ドラッカーの「マーケティングの理想は、販売を不要にすること」という定義『マネジメント【エッセンシャル版】』（ダイヤモンド社、2001年）のほうが馴染みあるかもしれません。だからこそ、マーケティング=売り込みではないというのも、よく言われる話です。

プロセスを指しているからこそ、さまざまな状況の中で「可変」なわけです。PDCAという言葉に代表されるように、比較的短期的な時間軸で語られることが多いのも、マーケティングの特徴でしょう。

そして、日本では、長きに渡って、ブランド価値を高めるブランディングよりも**「モノを売るためのマーケティング」が優先されてきた**と思います【図2】。

そんなマーケティングの代表的なアプローチとして、**「3C分析」**というものがあります。先程の4段階でいうと、①②のフェーズで行われることが多いですが、Customer=顧客（生活者）、Competitor=競合、Company=自社ブランドの3つの視点で分析を行っ

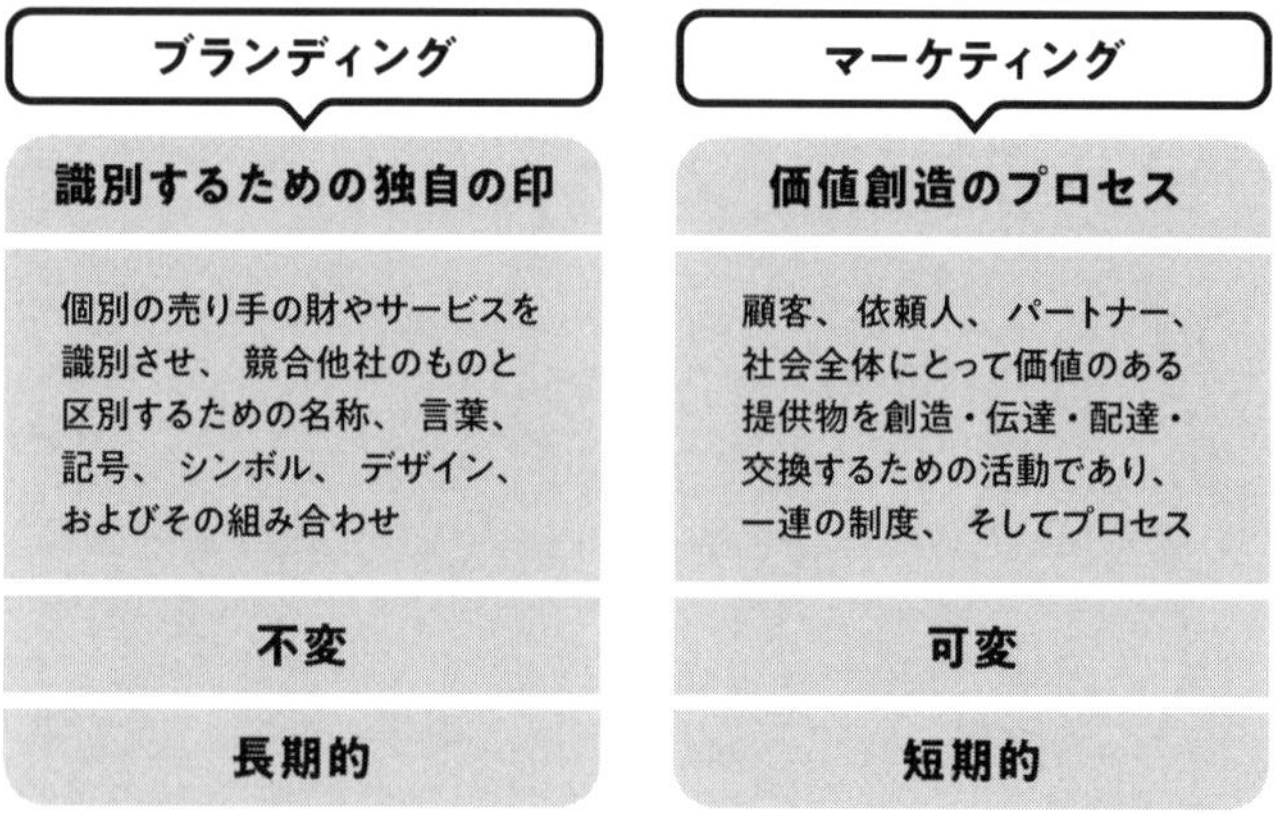

ブランディング	マーケティング
識別するための独自の印	**価値創造のプロセス**
個別の売り手の財やサービスを識別させ、競合他社のものと区別するための名称、言葉、記号、シンボル、デザイン、およびその組み合わせ	顧客、依頼人、パートナー、社会全体にとって価値のある提供物を創造・伝達・配達・交換するための活動であり、一連の制度、そしてプロセス
不変	**可変**
長期的	**短期的**

【図2】マーケティングとブランディング

て、取るべき戦術（4Pの組み合わせであるマーケティングミックス）を導き出す手法です。

3C分析は順不同だとされていますが、実は**Customer（顧客）→Competitor（競合）→Company（自社）**という順序が推奨されていて、多くの場合、その順序で行われます。

結果、「**生活者がこのような状況にあって、競合はこういうことをしているから、自社のブランドはこうやって対応しよう**」というストーリーを描いていきます。

つまり、競合にキャッチアップする**競争型**の発想。だから、自分たちが何をしたいかよりも、目の前の競合との差別化を目指すものになりがちです。キャンペーンやターゲット、ストラテジーなどはもともと軍事用語ですから、競争発想が念頭に置かれることは、ある程度必然性があると思います。

しかし、こうした**競争発想でのマーケティングはそろそろ限界を迎えている**。それが私の実感です。

それは、**「常にモノが欲しい生活者」が前提にある発想**だから。これは、「ホモ・エコノミクス（経済的な合理性のみに基づいて個人主義的に行動する人間）」を想定していた従来の経済学に対して、人間の非合理性と向き合う「行動経済学」というジャンルが出てきたことと、近い状況かもしれません。

生活者に「持っていないモノ」があった時代、みんなそれを欲しがっていました。かつての「3C（カラーテレビ・クーラー・クルマ）」などが最たる例です。

だから、どのブランドを買ってもらうかを競って、生活者に選んでもらうことに必然性がありました。

みんなが初物を手に入れた後は、機能・スペックの比較合戦が始まります。競合が50インチを出したので、自社は60インチを出す。その次は別のスペックで競い合いが始まります。競合が1000万画素を出したので、自社は1200万画素を出す。そうして基本的なスペックが「高止まり」していきます。

次は、価格競争です。競合が10万円で販売するなら、うちはなんとか9万円で売ろうと。そのうち、利益率の下限で価格は固定されます。こうして、**「価格が安止まりしてスペックが高止まりした製品」が市場にあふれる**ことになりました。

もちろん、こうした競争を通じたモノやサービスのクオリティアップは、生活者の立場からすると、とてもいいことでした。あらゆる変数での競争を繰り返すことで、質のいい商品が安く買えるようになったからです。これによって日本のモノづくりのクオリティが高まった側面も大いにあります。ただし、**肝心の生活者が、モノを欲しくなくなってしまった**。そして、企業同士の行き過ぎた競争についていけなくなってしまった。

現在では、ある調査（2018年10月「生活者のマーケティング意識調査」博報堂実施）によれば、多くのカテゴリにおいて、**80％以上の生活者が、今使っている製品の性能や効果に満足している**ことが分かっています。

つまり、競争戦略に根ざしたマーケティングというのは、**「生活者はずっとモノに興味がある（＝欲しい）」「企業はモノを無限によくできる」という2つの理想**の掛け算に基づいて駆動していたのだと思います。

実態と少しずつ乖離し始めているこの考え方をアップデートし、広告会社という立場だからこその「新しい武器」を作らないといけないのではないか？　それが、ＰＪＭメソッドへと至る最初の課題意識でした。

競合を追いかけようという「甘いささやき」

マーケティングや広告、ＰＲは、よく恋愛にたとえられます。たとえに乗っかって恋愛でいえば、今のマーケティングは、**「満足しているパートナーがすでにいる」状態にアプローチしないといけません。**

恋愛で考えると、「彼よりも僕のほうが〜」「彼女よりも私のほうが〜」といった競争戦略的なアプローチがうまくいくことは稀な気がします。そもそも、横並びで比較したいと思ってないからです。

そうではなく、新しい魅力を見せたり、よき存在感を確立したり、（あんまりよくないですが）恐怖訴求をしてみたり、別の切り口からアプローチをするわけです。

スティーブ・ジョブズの「美しい女性を口説こうと思ったとき、ライバルの男がバラの花を10本贈ったら、君は15本贈るかい？　そう思った時点で君の負けだ。ライバルが何をしようと関係ない。その女性が本当に何を望んでいるのかを、見極めることが重要なんだ」という言葉も、同じ意図だと理解しています。

恋愛では自然にしている**「相手が望んでいる本質を見極めた上で最適な行動をすること」**。それなのに、似ているはずのマーケティングでは、いつの間にか、スペックの競い合いになっている。約10年前、駆け出しのストラテジックプランナーだった私は、そんな状況を数多く経験しました。

「ライバルブランドがこういう新商品を出したので、少し価格を安くしてうちも出そう」「競合より優位なこの機能をとにかく訴求しよう」「競合と比べたら自社はこのスペックに強みがあるのでそれを打ち出そう」。

直面したのは、**そのブランドらしさや生活者の気持ちが置いてきぼりになってしまった、**「キャッチアップ型」のマーケティング。

振り返ると、ストラテジックプランナーとしてのキャリアは、キャッチアップ型の戦略をとことん学び、実践し、一方で、自分の想いとのギャップに気付き始めた期間でした。

さて、博報堂にはキャリアをローテーションする異動制度があります。２０１６年10月、ストラテジックプランナーとしての経験を経て、私はその異動制度の対象者となりました。新しい視点を手に入れようと、私はクリエイティブ職（コピーライター、ＣＭプランナー、アクティベーションプランナーなど）への異動を志望することにしました。幸運なことに異動が叶ったものの、私は、どちらかというと頭は固く、学生の頃の図画工作の成績は10段階で3（！）という、いわゆるクリエイターには不向きな人材でした。絵は、びっくりするくらい下手。同期たちがハッとするようなキャッチコピーを書き、クスッと笑えるCMを作っている中、私は「不向きな後発組」（競争地位の4類型でいうと「フォロワー」）です。

まずはクリエイターとして定番のスキルをキャッチアップする「間違いない道」に心揺れながらも、ひとり作戦会議の結果、**「キャッチアップするのではなく、独自のブランディングで戦おう」**と決めました。

つまり、これまでの経験や知見を生かして、独自のクリエイターになっていこう、という作戦です。戦略領域の実務経験を活かしたクリエイティブ開発ができないだろうか。そんな未来を思い描いていました。

そして、当事者として、キャッチアップ型戦略に流されそうになり、今更ながら、その危険な魅力を実感したのでした。

コロナ禍で訪れた「キャッチアップ型」の限界

私たちの生活を一変させた新型コロナウイルスの流行は、生活者のブランドに対する期待にも大きな変化を起こしました。

博報堂では、「生活者のブランド期待に関する調査」（2021年3月、N＝800）と題して、日本全国の20～60代の男女を対象に、インターネットでアンケート調査を実施しています。ここで、その結果を紹介します【図3】。

「企業・ブランドは具体的に行動するべき」77％
「企業・ブランドは世の中を明るくするメッセージを出すべき」23％
「自分たちにしかできないことに取り組んで欲しい」87％
「新しく始まる世界にその企業なりに役に立って欲しい」82％
「具体的な行動・アクションに投資をして欲しい」80％
「ふつうの人の毎日を快適にしていく取り組みをして欲しい」86％

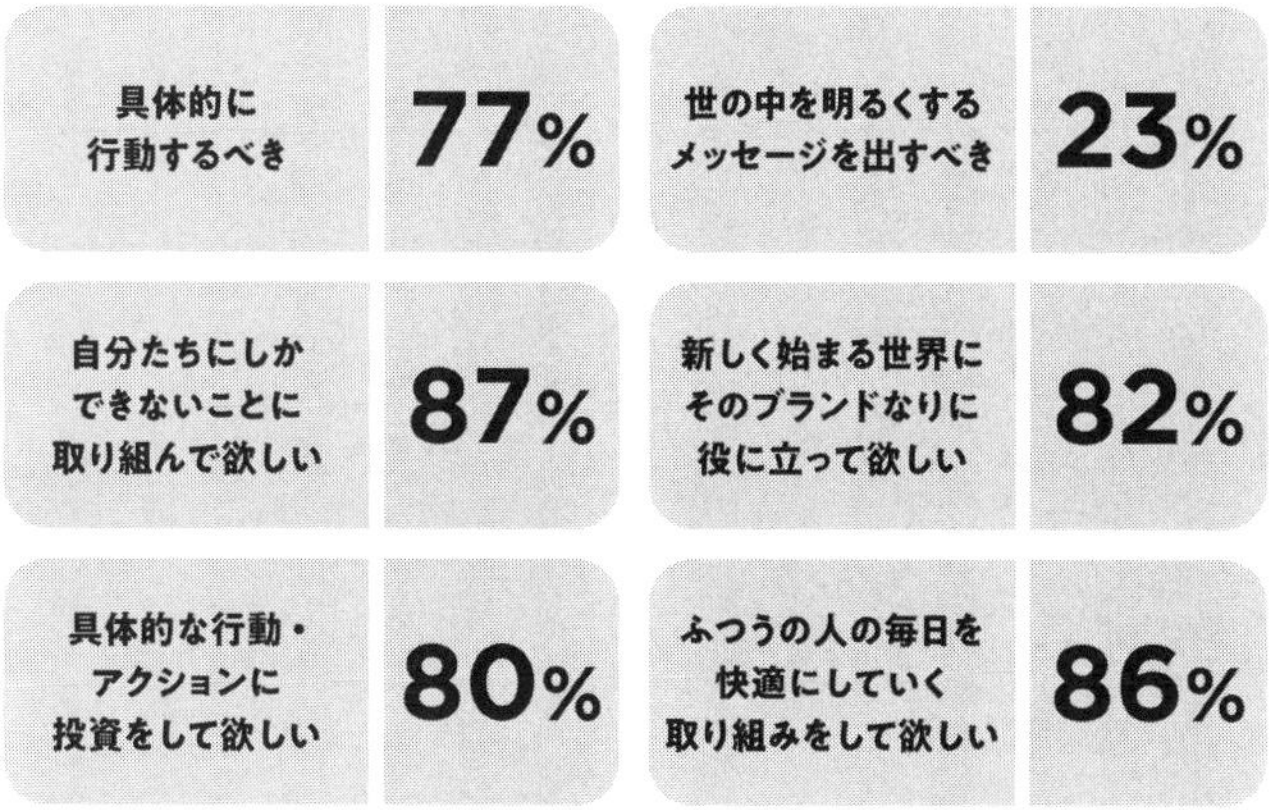

具体的に 行動するべき	**77%**	世の中を明るくする メッセージを出すべき	**23%**
自分たちにしか できないことに 取り組んで欲しい	**87%**	新しく始まる世界に そのブランドなりに 役に立って欲しい	**82%**
具体的な行動・ アクションに 投資をして欲しい	**80%**	ふつうの人の毎日を 快適にしていく 取り組みをして欲しい	**86%**

【図3】生活者のブランド期待に関する調査

ここから読み取れる、新しい変化の兆しは3つです【図4】。

①WHAT TO SAY（何を言うか）
↓WHAT TO DO（何をするか）

言いたいことを広告するばかりでなく、社会をよくするメッセージでもなく、具体的な「行動・アクション」が求められています。ユーザーから見ると、「ブランドを体験する時代」ということです。

②NO1（差別・比較）
↓ONLY1（独自・唯一無二）

生活者は、他との「差別化」よりも、そのブランドらしさを求めています。コロナ禍で言われるようになった消費のエッセ

【図 4】これからのブランドに必要な3つの変化

ンシャル化（本質的な価値を求める流れ）は、ブランドにとっては〝らしさへの回帰〟として突きつけられています。

③SOCIAL GOOD（社会にいいこと）↓OUR GOOD（私たちにいいこと）

最後はいいことの解釈です。長らく言われているサステナビリティやエコといった「地球・社会規模」のよいことだけでなく、よりパーソナルな規模で「私たちの生活」をよくすることが望まれています。これはコロナ禍で足元が揺らいだからだと思います。

つまり、新型コロナウイルスが、差別価値をメッセージしていくような、これまでのマーケティングからの脱却を一気に迫っているわけです。

これからのブランドに求められるのは、**「生活者にとって独自の存在意義を明快にして、具体的な行動でそれを実現していくこと」**。

ブランドは、多かれ少なかれ、生活者の豊かさや生きやすさを作るためにあると思います。これからの時代は、こういった変化も念頭に起きつつ、キャッチアップ型のマーケティングばかりに終始するのではなく、ブランドに行動力とらしさを実装していきたい。そのためのアプローチが、「PJMメソッド」です。

ここからは「PJMメソッド」の紹介に入る前に、**新しい発想のために知っておきたい5つの兆し**を紹介していきます。

兆し① マーケットとターゲットから「考えない」

有用な場合もありますが、あえて割り切って書くと、**「マーケット」「ターゲット」という概念が、少しずつ使いにくくなっている**と思います。

かねてから、性別や年代などで市場を細分化（セグメンテーション）することは、マーケティングの基本の一手でした。例えば、このスナック菓子は、「男性・30代・既婚・子あり・

年収400万〜」の生活者を狙うといったようなものです。想定されていたのは、均質化された、言い方を変えると、デモグラフィック属性である程度の人となりが規定できた社会です。このあたりはジャン・ボードリヤールの『消費社会の神話と構造』（紀伊國屋書店）にも詳しく言及があります。

一方、最近では「ダイバーシティ&インクルージョン」（性別、年齢、国籍などの外面の属性や、ライフスタイルなどの内面の属性にかかわらず、それぞれの個を尊重して認め合うこと）が盛んに謳われている通り、「属性から個を解釈して決めつけること」は危険になっています。ですので、マーケット／ターゲットの細分化は「最低限のスクリーニング」として使用するほうが、健全だと思います。例えば、20歳未満はビール類を飲めない、このお店は自家用車がないとアクセスできないなどのような絞り込みのイメージです。

また、一人ひとりにリーチができるデジタルマーケティングの進化も、まだ道半ばです。例えば、SNS広告のターゲティング条件は、その組み合わせで数万種類にも及びますが、まだどこか**「不気味の谷現象」**（ロボットやCGキャラは、人間の容姿に近づくほど親近感が増していくが、一定の度合いに達すると不気味さや嫌悪感が出始め、さらにリアルになると好感度が回復するという現象）の中にいる気がしています。

それは、生活者が「広告に狙われている」と勘付いてしまうからだと思います。最近では、GDPR（EUの個人情報保護規則）やポストクッキー（デジタルマーケティングで活用されてきたサードパーティ・クッキーの利用制限）といった個人情報保護の観点からも、高精度のターゲティング広告は、難しい局面を迎え始めています。

つまり、**「属性から個を決めつけられない」けど「n＝1を正確にターゲティングしきれない」**のが、マーケティングが今置かれ始めている環境です。そんな状況で、いきなり「男性・30代・既婚・子あり・年収400万〜」を狙おうとすると、それはチャンスを狭めてしまうことになります。

例えば、私の知人の子どもは5歳にしてゲームでプログラミングをスタートしていますが、一方、定年後に教室に通ってプログラミングをスタートさせたもうすぐ70歳の先輩もいます。つまり、いきなりデモグラフィック属性を絞り込んで、コアターゲットを30〜40代のビジネスパーソンにしてしまってはもったいないのです。

「プログラミングが好きという気持ち（を持つすべての人）」を対象にした方が、戦略や打ち手も拡がっていくと思いませんか。この場合だったら、30〜40代をリサーチするのではなく、「新しいことを始めるってどういう気持ちなんだろう」と洞察をしていくことが、いい戦略を作るための第一歩です。

マーケティングやブランディングに取り組むときに、いきなりマーケットやターゲットを絞り込む。この発想は、一部の例外を除いて、一度やめてみるのもいいかもしれません。**狙うべきは、「人」ではなく「気持ち」**。ちなみに、これは私見ですが、この先、特にアプリ／デジタルサービス以外の商材では、ターゲティングの限界を受けてマスマーケティングに回帰するのではないかと思っています。

兆し② 「新しさ」ではなく「嬉しさ」に向き合う

博報堂生活総合研究所では2年に一度「生活定点」という定点調査を行っています。その中に「広告は新しい暮らし方を教えてくれると思う」という項目がありますが、このスコアはずっと下がり続けていて、2020年は14・4％で過去最低を記録しました。

このデータを見て、広告の終わりだと嘆くのは、少し気が早いと思います（自己弁護も込めてですが）。私は、**すべての人にとっての〝新しい生活〟というものが、どこにも存在しなくなった**ことが要因だと思っています。だからといって、カウンターを取って「新し

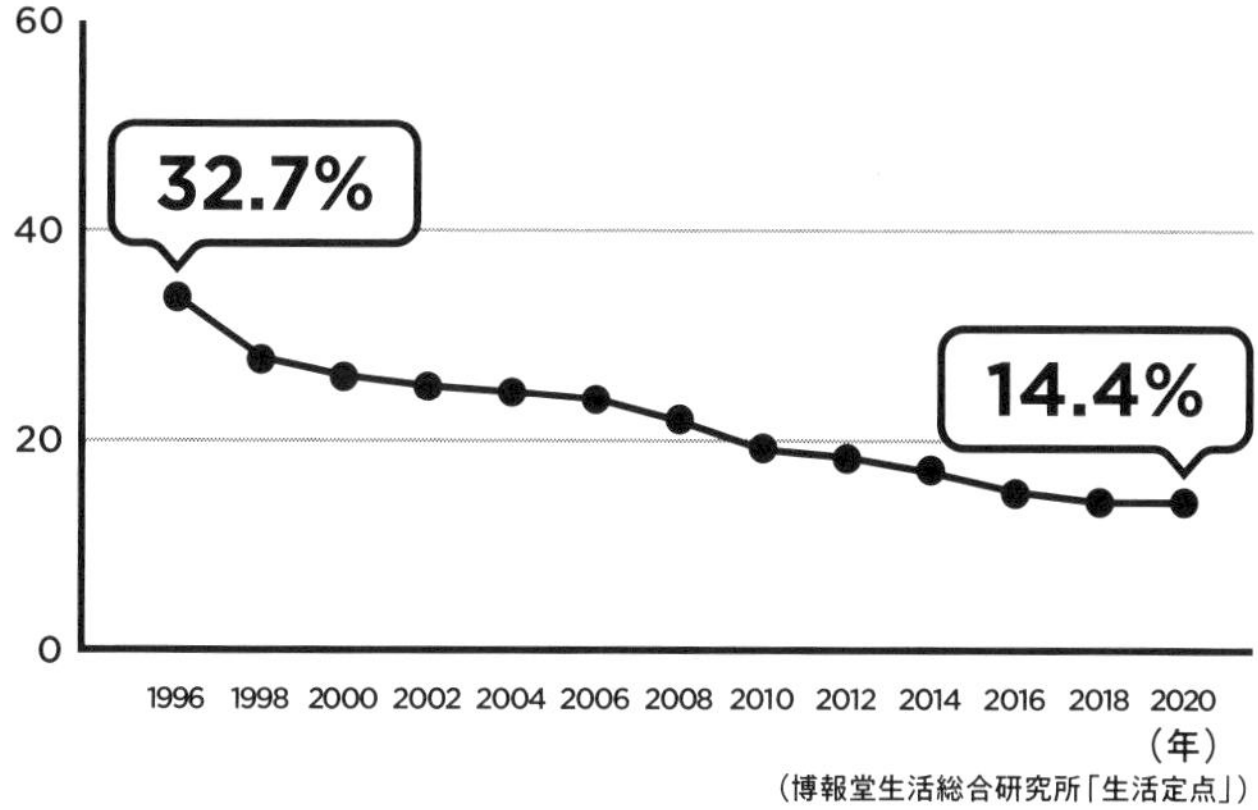

【グラフ】「広告は新しい暮らし方を教えてくれると思う」

い生活は広告ではなくＳＮＳからもたらされる」と理解するのも早計な気がするわけです。

コロナ禍で「ニューノーマル」という言葉をよく耳にするようになりましたが、博報堂ＤＹグループのビジネスデザインカンパニーであるSIGNINGの「Covid-19 Social Impact Report Final」では、**『「ニューノーマル」から「マイノーマル」へ』**をキーワードに、いくつかの兆しが公開されています。

つまり、今の時代は、新しいことが求められているのではなく、私たちらしいことが求められている。そうなると、私たちの仕事は生活者が**思わず嬉しくなる「私たちらしさ」**を提案することだと言えます。

広告会社は英語にすると、Advertising Agencyですが、博報堂には、メディアやクライアントのエージェント（代理）だけではなく、**生活者のいい生活のエージェントをしているという自負を持っている人が多いと思います。**だからこそ、新しい案件のときは、これでもかというくらいに徹底的に生活者にヒアリングをする。「調査をする」というちょっと上からの目線ではなく、むしろ生活者が先生です。

知らないことを教えてもらう。今考えていることや新しいライフスタイルを教えてもらう。それをブランドにうまく組み込んでいくのが、プロとしての仕事です。

企業が描く新しいライフスタイルを提案する、のではなく、**生活者の望みを深く理解して、その人にとって嬉しいライフスタイルを形にしていく**。それが、今の時代のマーケティングに必要な発想だと思います。

モノやサービスが必ずしも毎回新しさをまとわなくなっている昨今、**生活者のリアルな嬉しさに向き合えているか**。すべての業務において、いつも自問自答している問いです。

兆し③ 可処分●●を「投資してもらえるか」

博報堂では、人を単に「消費者」と見るのではなく、多様化した社会の中で主体性を持って生きる**「生活者」**として全方位的に理解しようとしています。消費者ではなく生活を営んでいる人と捉えた上で、商品やサービスをどう位置づけられるかを考えるのが、**「生活者発想」**です。消費をする一瞬だけを切り取って人々をとらえてしまうと、モノやサービスが欲しいか欲しくないかといった、歪んだ見方になってしまうからです。

そして、ここ数年、私は、「生活者」という思想を進化させて、**「投資者」**として捉えるようにしています。私たちは、限られた時間・お金・気持ち（可処分所得・可処分時間・可処分精神）を、日々さまざまなモノやサービスに振り分けながら生きています。それを「ブランドに投じていただく」という考え方です【図5】。

私は、業務において、株式投資サービスの運営にも携わっています。その中でプロの投資家やファンドマネージャーと話していると、投資を検討している企業（＝銘柄）に対して、ほとんどの人から「応援」とか「可能性を信じて」とか「最後は熱量」といった言葉が出

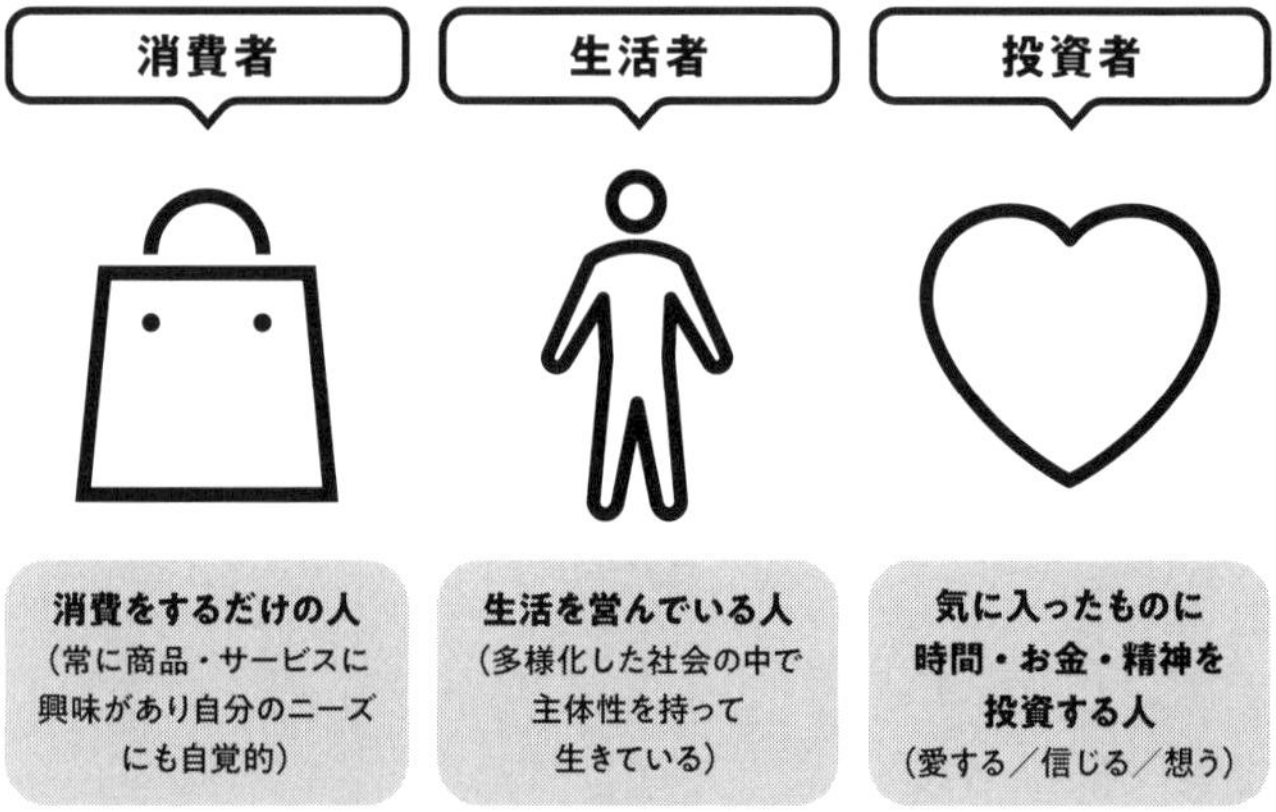
消費者
生活者
投資者
消費をするだけの人
（常に商品・サービスに
興味があり自分のニーズ
にも自覚的）
生活を営んでいる人
（多様化した社会の中で
主体性を持って
生きている）
気に入ったものに
時間・お金・精神を
投資する人
（愛する／信じる／想う）

【図5】消費者・生活者・投資者

てきます。8〜9割はロジカルに分析をしているのですが、**最後の決め手は、極めて人間的な動機や定性的な意志・見立て**であることが多いのです。経営者が好きだから、このときの対応が素晴らしかったから、オフィスを来訪してピンときて……。

これからは、株式投資に限らず、消費においても、この「信じる気持ち」「思いをかける気持ち」が大事になってくると思っています。

すべての上場企業には「投資家への説明責任」があります。

それは、決算情報、決算説明会資料、分野別説明会資料、適時開示資料、有価証券報告書などを通じて説明され、その中には、成長戦略の方針やそのための取り組み、株主還元の方針、現在抱えているリスクなどが記載されています。

これから、**多くのブランドが生活者に対して示すべきなのも、この透明な情報**ではないでしょうか。いいところだけをアピールするだけでは、「投資する気持ち」は起こりません。

日本人には、本来、作り手をリスペクトして応援する国民性があると思います。ですので、いいところを声高に訴求するだけでなく、企業が投資家に接するように、オープンに、透明に接したら、もっと深く愛され、応援されるのではないかと思うのです。そういうブランドにこそ、生活者は「投資したい」と思うはずです。

「消費者に買ってもらう」から「投資者に選んでもらう」へ。その視点を持ってブランドの情報発信を再設計することも、これからは大事になるのではないでしょうか。

兆し④「気持ちを盛り上げる盟友」を増やす

競争戦略型のマーケティングでは、食品メーカーA社の新商品が売れたら、B社も似た商品を発売し、その成功を見てC社もキャッチアップするというように、ブランドは一定のカテゴリの中で競い合いながら成長していくことができました。

言うならば、「欲しい人の気持ち」を奪い合うゲームです。しかし、そもそも特定の商品を強烈に欲することが減り、市場の境目もあいまいになった今、必要なのは「欲しい！と思ってもらう気持ち自体を増やす」取り組みです。需要創造というと硬いですが、**前提として「欲しくない人」を想定する必要**があります。

先述の通り、個別ブランドのブランディングよりも、競い合って業界を盛り上げるマーケティングに力を入れてきた日本なので、この、欲しい！という気持ちは、特定のブランドではなく、まずはカテゴリに対して生じることが多い気がします。

つまり、ビール飲みたい！ラーメン食べたい！から始まって、さて、どのビールにしようか？ラーメンにしようか？という順番です。

例えば、ビールといえば「晩酌」ですが、最近は、ここに健康文脈でハイボールやレモンサワーが割って入り、また、低価格化の中で発泡酒や新ジャンルといった存在も当たり前になりました。もっというと、ノンアルコールビールもありますし、炭酸水も大人気です。こういう中で**「ビール自体」の存在感**を高めて、欲しい！ビールを飲みたい！という気持ちを増やしていかないといけないわけです。

つまり、これから取り組むべきは**「生活者のカテゴリへの需要を増やしていくこと」**です。ちょっと疲れたなあ、とコンビニに立ち寄った生活者は、ビールを買うのか、アイスを買うのか、サイダーを買うのか、マンガを買うのか、やっぱりやめてマッサージに行くのか、まずはそこから迷うはずです。

そこで、「ビールいいですよ！」とお伝えしないといけません。コクがいいですよ！アルコール度数が高いですよ！　ではなく、まずは「ビールいいですよ！」です。

もっというと、「疲れたなあ」という気持ち以外で、「ビールいいですよ！」と生活者にお伝えすべき瞬間はいつでしょうか？　そういうシーンの開拓をしていくことも必要です。もちろん、最後は自分たちが選ばれる確率を最大化する取り組みは必要です（エボークトセットに入る、と言います）。

ただし、それは最後の最後。まずは、カテゴリを盛り上げ、需要をくすぐり、想起されるようにしましょう。そうなると、**ビールであれば競合他社も、おいしいおつまみを作る会社も、コンビニも、全部「盟友」だと思えませんか？**　そんな風に「みんなでマーケティングをする」ことも、これからは大事になると思います。

兆し⑤　アズ・ア・サービスは「体験のピラミッド」発想で

ここ数年、「アズ・ア・サービス（XaaS）」という言葉をよく耳にするようになりました。

アズ・ア・サービスは、**「製造業からサービス業へ」**というキーワードとともによく出てきますが、例えばサブスクリプション型のビジネスへと転換していくなど、売ってからが始まりというビジネスモデルへの転換のこと。

今、多くのブランドには、売って終わりの「商品発想」ではなく、**売ってからが始まりの「サービス発想」**への進化が求められています。

かといって、あらゆる企業がサブスクサービスを展開することが正解というわけではない。では、アズ・ア・サービスをどう理解するのがいいでしょうか。

私は、アズ・ア・サービスは、「教育」のプロセスに近いと考えています。アメリカ国立訓練研究所の研究で明らかになった理論で、学習方法と知識の定着率の関係を示した「ラーニング・ピラミッド」というものがあります。それによると、知識の定着率は、**講義5%、読書10%、視聴覚20%、デモンストレーション30%、グループ討論50%、自ら体験する75%、他の人に教える90%**だそうです【図6】。

これが、アズ・ア・サービスを目指すマーケティングにも当てはまるのではないでしょうか。例えば、講義は広告に当たるでしょう。ロゴやCMを見てもらっただけでは、そのブランドのことは5%ぐらいしか相手に伝わりません。しかし、買った後にも参加できる

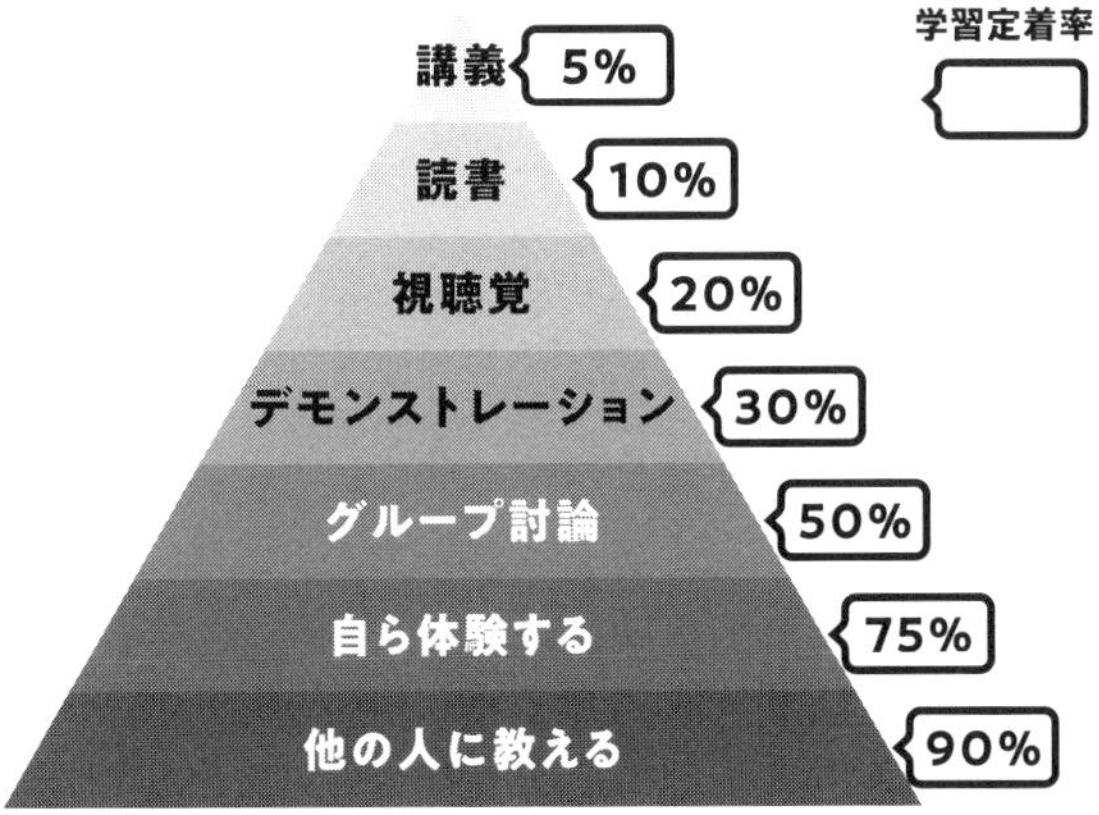

【図6】ラーニング・ピラミッド

体験をたくさん作っていくと、ブランドが生活に定着していく度合いが高まります。アズ・ア・サービスというとちょっと難しいですが、教育のプロセスと同じなのではないかと考えると、指針を持ちやすいのかなと思っています。

余談ですが、２０２１年に急激に流行した音声ＳＮＳ「Clubhouse」には、いわゆるロゴがありませんでした。初期のアイコンは人物の顔のモノクロのポートレートで、しかも定期的に変わっていく。これは個人的には衝撃的なことでした。

ブランドには、ロゴというシンボルが必須だと思っていました。でも、ロゴがなくても、「Clubhouse」は成立していたのです。

このことが示すのは、やはり提供する体験とその体験のシェアラビリティ（周囲へのシェアのしやすさ）の重要性です。

体験が明快でユニークであれば、強引に言い切ってしまえば、〝見た目〟の優先度は低くなっている。このブランドの作り方はこれから増えていくのではないかと思います。独自の体験を考えるほうが難しいですが、自由度が高いですから。

アズ・ア・サービスという考え方で、ブランドを象徴する「独自の体験」を作り、それを、生活にあの手この手で浸透させていく。この考え方も、これからのマーケティングの中心になると思います。

すべてを「志」で貫く

さて、ここまで、新しいアプローチを取り入れるにあたって、押さえておくべき5つの兆しを紹介してきました。

マーケットやターゲットといった「整理分解型」の発想をやめること。

みんなにとって**新しいではなく「私らしく嬉しい」を作る**こと。

消費者でも生活者でもなく**「投資者」として、オープンに透明に向き合う**こと。

いきなりカテゴリ内で競わず、**「欲しい！」の総量を増やす**仕掛けをすること。
アズ・ア・サービス＝**ブランド独自の体験を作る**あの手この手だと理解すること【図7】。
……なかなかハードルの高い5つでしょうか。

セミナーや新しいプロジェクトでこういう話をすると、よく言われるのは「何をやるべきかの判断軸がないのではないですか？」ということです。確かに、絞り込んだ消費者にスペックを起点にした広告メッセージを届けることに比べ、**生活者／投資者に広くアプローチしてそのブランドらしい体験を作ること**は、雲をつかむような規模です。何をやってもOKだからこそ判断軸がないという指摘は、確かにその通りです。

私は、その判断軸になるものが、本書のテーマのひとつである**パーパス＝ブランドの存在意義**だと思います。

オムロン株式会社の創業者である立石一真氏は「会社にとって利益は空気と同じ。空気がないと生きてはいけない。しかし、空気を吸うために生きている人間はいない」と述べました。また、吉田松陰は「志を立ててもって万事の源となす」と述べています。

利益を出すことは目的ではなく手段。そして、自身の志が判断基準で、それを達成することが目的なわけです。

① マーケットやターゲットといった「整理分解型」の発想をやめること

② みんなにとって新しいではなく「私らしく嬉しい」を作ること

③ 「投資者」として捉えて、オープンに透明に向き合うこと

④ カテゴリ内で競わず、「欲しい!」の総量を増やす仕掛けをすること

⑤ アズ・ア・サービス=ブランド独自の体験を作ることだと理解すること

【図7】新しいマーケティングの兆し

自分たちの存在意義が明快であれば、自ずとやることも明快になる。広く深い海にアプローチするからこそ、「志」を判断軸にする必要があるのです。

先日、欧米の友人から「IKIGAI CHART」というものが流行っていると聞きました。ざっくりいうと、4つの円が重なることが「あなたの生きがい」です、というチャートです【図8】。その4つは、次の通りです。

①What you are GOOD AT（あなたが得意なこと）
②What you LOVE（あなたが好きなこと）
③What the world NEEDS（社会が必要

としていること）

④What you can be PAID FOR（対価を得られること）

競争戦略発想のマーケティングは、多くの場合、①と④の組み合わせが優先されてきたと思います。自分たちができることで、儲けられること。ただし、これからは、②と③の組み合わせの優先度が上がっていくのではないでしょうか。

②あなたが好きなことで、③社会が必要としていること。**得意なことはすぐに真似されますが、愛するものはそう簡単には真似されません**。社会＝生活者は、多すぎるブランドを取捨選択しようとしています。愛するものを明快にして生活者に支持され、そこに強みや市場性を掛け算していくことで、結果的に競争力が高まるように思います。

もちろん、「志が大事で利益は得るべきではない」ということではありません。営利団体である株式会社（≠ブランド）は、利益を得ないといけない。

二宮尊徳も**「道徳なき経済は犯罪であり、経済なき道徳は寝言である」**と言っていますが、その通りです。空気（経済・利益）がなければ、志（道徳）を実現することはできないのですから。実際に、パーパスドリブンなブランドのほうが利益を拡大させているというケーススタディも出ていますので、相反する概念ではありません。

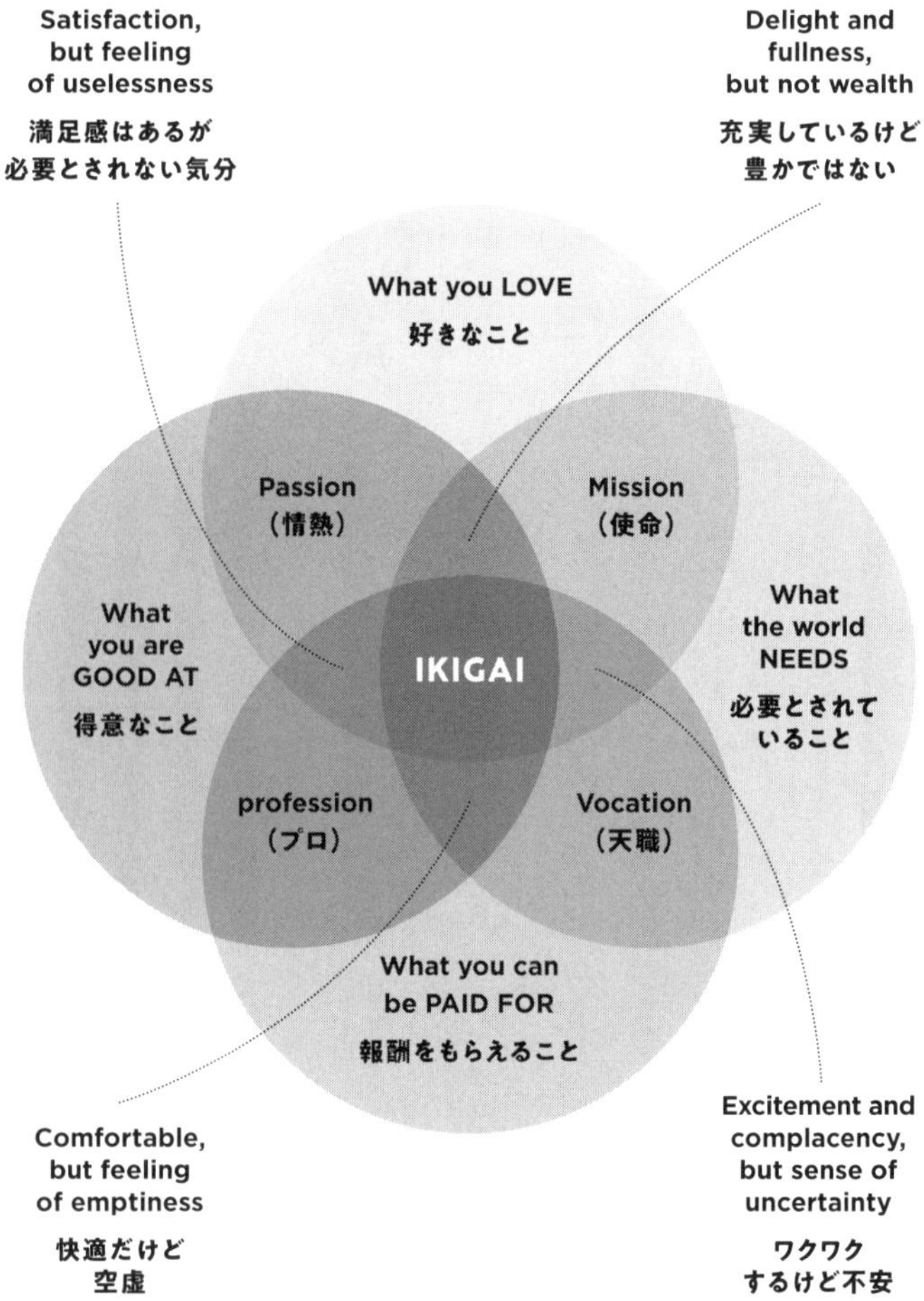
Satisfaction, but feeling of uselessness
満足感はあるが必要とされない気分
Delight and fullness, but not wealth
充実しているけど豊かではない
What you LOVE
好きなこと
Passion
（情熱）
Mission
（使命）
What you are GOOD AT
得意なこと
IKIGAI
What the world NEEDS
必要とされていること
profession
（プロ）
Vocation
（天職）
What you can be PAID FOR
報酬をもらえること
Comfortable, but feeling of emptiness
快適だけど空虚
Excitement and complacency, but sense of uncertainty
ワクワクするけど不安

【図 8】IKIGAI CHART

明快な志とクリエイティブな遊び心で、生活者の嬉しい体験を作れるブランドへ。次のPartからはさっそく「PJMメソッド」について紹介していきます。

Part 1 新しいマーケティングの兆しのまとめ

✔ スペックで競争するマーケティングは限界を迎えつつあり、キャッチアップ型の戦略ではブレイクスルーできないケースが増えている。

✔ 新型コロナウイルスを経て、これからのブランドには「生活者への存在意義を明快にして、具体的な行動で実現していくこと」が求められるようになる。

✔ マーケットやターゲットを「区分」せずに、生活者の「気持ち」に向き合う発想を持つ。

「私にとって嬉しい暮らし」のために「投資してくれる一人ひとり」のために、ブランドとしてどんな行動ができるか、考える。

✔ 「自分たちの商品が欲しい人」ではなく、「まだ自分たちの商品が欲しくない人」に何ができるか。カテゴリ内で競うのではなく、ラーニング・ピラミッドを参考に、深く広くブランドの体験として実現する必要がある。

プチ・エクササイズ

Q.

あなたが担当しているブランドで「IKIGAI CHART」を埋めてみると、真ん中にはどんな言葉がくるでしょうか？ どの要素が埋めにくかったでしょうか？

Part 2

P: パーパスを掲げる

3C分析を逆転させて生まれたPJMメソッド

PJMメソッドは、**「パーパス・ジョブ・モーメント」**を組み合わせて**「顧客体験（ブランド体験）」を創造・変革するアプローチ**です。

リブランディングをしたいとき、新しいサービスを立ち上げたいときなど、**変化や新しい取り組みの羅針盤として**使われることが多いです。それぞれの頭文字を取ってシンプルに「PJMメソッド」と呼称していますが、呼び名にはこだわっていません（未だにしっくりくる名称を募集しています）【図1】。

パーパスにジョブにモーメント。あまりにも流行った横文字が並んでいるので、すでに辟易された方もいるかもしれません。

社内でも**「流行り言葉の幕の内弁当」**と言われていた時期がありました（笑）。ですが、もちろん、流行り言葉でみなさんを騙そうとしているメソッドではありません。ということで、まず、具体プロセスの解説に入る前に、このメソッドの3つの特徴についてお話をしていきます。

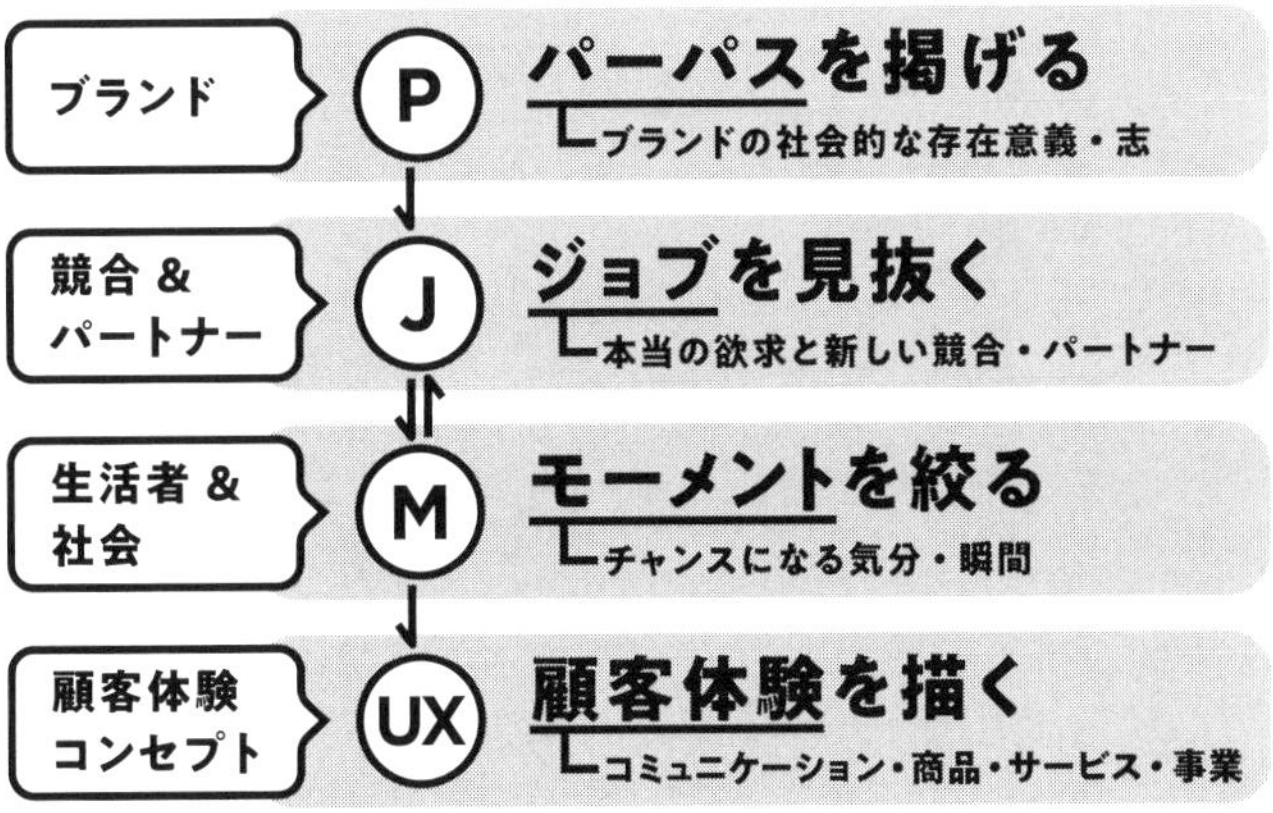

【図1】PJMメソッドのステップ

まず、このメソッドは**「実務発のメソッド」**です。いきなりメソッドを作ろうとしたわけではなく、ここ数年で私たちが実際に取り組んだ業務をデコンストラクション（ケーススタディ）して、共通の発想法としてまとめました。メソッドによくある「頭でっかちで使いにくい」ということを避けるべく、実務から逆算して実用性を高めていることは特徴ではないかと思います。

ふたつ目は、**「ベースとなるアプローチがあるメソッド」**です。そのベースが、先程も登場した「3C分析」です。

3C分析の要素や視点はそのままに、順序を逆転させ、それぞれの概念を時代に合わせてアップデートしたのがPJMメソッドです。ですので、戦略/施策立案における視点の網羅性がある。

Companyを捉え直す視点として、パーパスを。

Competitorを捉え直す視点として、ジョブを。

Customerを捉え直す視点として、モーメントを。

まず、ブランドらしさから考え、競合を見直し、生活者との接点を考える。3C分析ではブレイクスルーできないときの、次の一手を目指しています。多くのクライアントとさまざまなレイヤーで協業できている使い勝手のよさは、こうしたなじみのある前提があるからかもしれません。

最後は、**「戦略発想とクリエイティブジャンプを両立できるメソッド」**だということです。私自身のキャリアや信念とも関係しますが、戦略とクリエイティブが、発想として、実務として分断されるほど、もったいないことはありません。

パーパスで陥りがちな「正しいけど面白くない」「で、どうするの?」を避けるために、**想像力と遊び心を追求するジョブ・モーメントも大事にする**。一方で、単なる思いつきにならないような指針を、パーパス規定で担保するわけです。その両輪が、ブランドの行動力を大きく高めてくれると思います。

それでは、「ＰＪＭメソッド」の各ステップについて解説をしていきます。

このメソッドは、**①ブランドの存在意義であるパーパスを起点に、②生活者の持つジョブとフレネミーを発見し、③狙うべきモーメントを絞り込んで、④生活者にとって理想のブランド体験を設計していく**、という4つのステップで構成されています。

メソッドと銘打っていますが、**フレームワークではなく、課題解決や機会発見のための「発想法」**です。実際に、ここからＴＶＣＭを作ることもあれば、採用制度を作ることもあれば、プロダクトを作ることも、サービスを作ることもあります。

広告制作のためだけのメソッドではありませんし、かといって、埋めたら何かが登場する魔法のフレームワークでもありません。

次のページの【図９】は、３Ｃ分析とＰＪＭメソッドを対比した図です。

これを見ると、生活者に対する競合の打ち手をベンチマークして自分たちの戦略を設計する３Ｃ分析に対して、自分たちの志から生活者の気持ちにアプローチする道筋を描くＰＪＭメソッドの、思考順序の違いが分かると思います。

３Ｃ分析はカテゴリにおけるナンバーワンを目指す、競争戦略型の手法ですが、ＰＪＭメソッドは生活者の心の中でオンリーワンのブランドを目指す、クリエイティブな発想法、と言えるかもしれません。

お読みになった方は、「あれ？　生活者のパートが一番最後でいいんだ」と思われたかもしれませんが、パーパスを規定する際に最も大事になるのは「生活者をどう幸せにしたいのか」という視点です。

つまり、順序はブランドから始まる形にひっくり返っていますが、ブランドが独りよがりになるわけではなく、目線は**一貫して生活者に向いている**のです。

PJMメソッドは「視点の組み合わせ」

かつて、ジェームズ・ヤングという人が、**「アイデアとは既存の要素の新しい組み合**

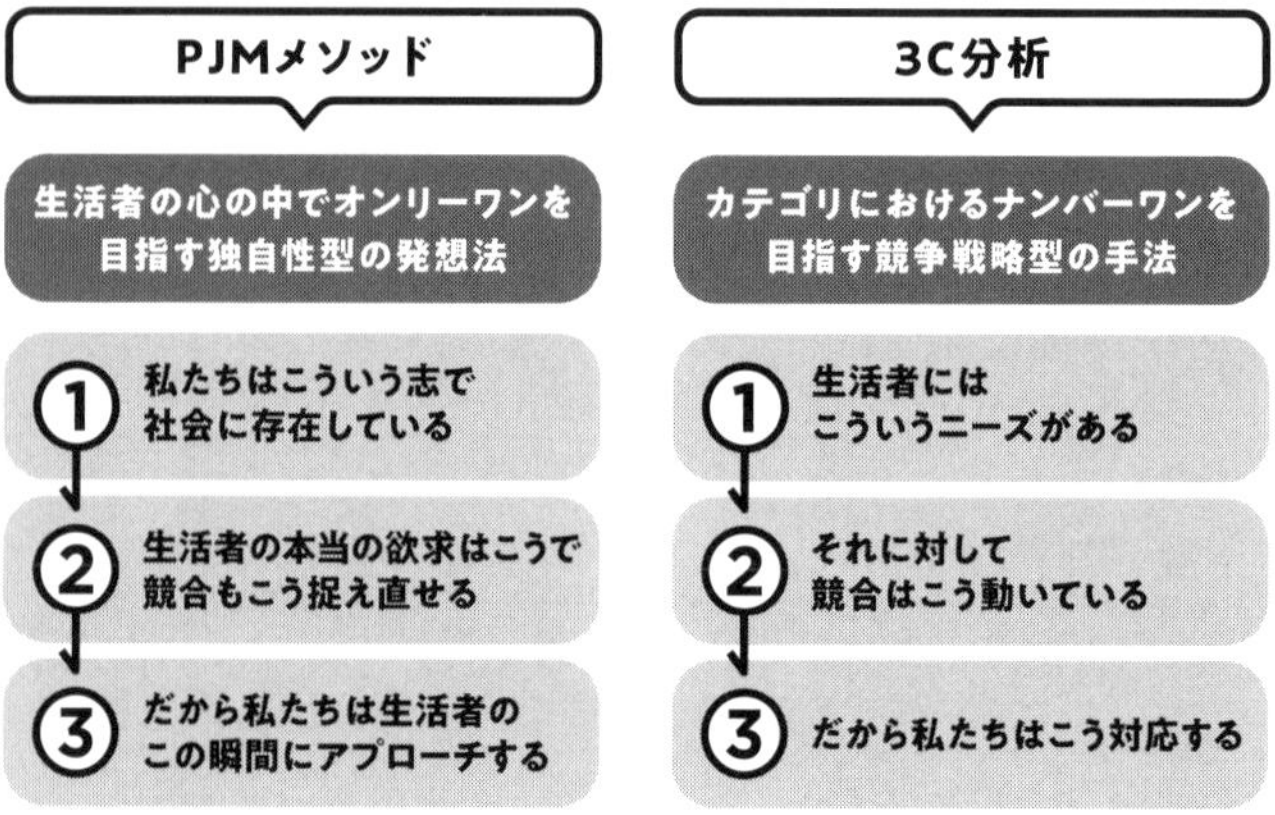

PJMメソッド
生活者の心の中でオンリーワンを目指す独自性型の発想法
① 私たちはこういう志で社会に存在している
② 生活者の本当の欲求はこうで競合もこう捉え直せる
③ だから私たちは生活者のこの瞬間にアプローチする
3C分析
カテゴリにおけるナンバーワンを目指す競争戦略型の手法
① 生活者にはこういうニーズがある
② それに対して競合はこう動いている
③ だから私たちはこう対応する

【図9】3C分析とPJMメソッドの考え方

わせである」と述べ、また、**「新しい組み合わせを作り出す才能は事物の関連性を見つけ出す力に依存する」**とも述べました。

新人だった私は、研修で渡された本でこの言葉と出会い、フッと肩の力が抜けた記憶があります。そして、数年後に、サラッと定義されたその行為の難しさに、気が遠くなりかけたことも覚えています。

ＰＪＭメソッドで意識しているのも、**要素の多様性（ＰＪＭのフェーズ）とそれを組み合わせる／関連させる力（ＵＸのフェーズ）**です。プロセスとして順番に取り組みますし、前のフェーズの延長線上に次のワークがあるわけですが、それぞれは全く「別の役割」です。

こういうパーパスが決まったから、こういうジョブなんだろう、こういうジョブだからこういうモーメントでいいや、と〝当てにいってしまう〟と、発想や視点の数が少なくなってしまうので、ほぼ今までの延長線上の（想定の範囲内の）顧客体験になってしまいます。

最後のＵＸのフェーズで、**３つの視点から得た発見の化学反応を狙っていく**のが、ＰＪＭメソッドが目指すところです。

もちろん、各フェーズのワークでインスパイアされて、発想が拡がっていくのは素晴らしいことですが、自分の中で勝手に**既定路線を作って、なんとなく落としどころを探らな**

いようにしましょう。それでは、ブランドも変化できません。

優れたコンセプトというのは、ＰＪＭメソッドに限らず、シャープでありながらいろいろな物事の共通性を括れるものだと思います。

例えばジェームズ・ヤングが言い切ってくれた「アイデア＝既存の要素の新しい組み合わせ」だって、シャープで懐の深いコンセプト。ですから、仕上げるのはＵＸのフェーズに任せて、その手前の段階では、要素（＝発見）をなるべく発散／拡散しておくほうがいいのです。

パーパスはブランドの「存在意義」

「パーパス」という言葉は最近、日本でもよく聞くようになりました。海外では、２０１０年代前半くらいから徐々に盛り上がってきたと記憶しています。とはいっても、考え方として全く新しいものではなく、キャッチーなキーワードになったという感じでしょうか。

パーパスは、**多くの日本企業が「哲学」とか「理念」と呼んできたものと近い**と思います。かねてから指摘されていた機能価値での差別化の限界や、ソーシャルグッドに続く流れとして、ブランディングやマーケティングの真ん中になりました。そして、この流れはコロナ禍で加速し、今、**多くのブランドが自分たちの存在意義を問い直し、明示することが求められています**。ちなみに、2016～2017年頃に、日本でも一度話題になりましたが、バズワードのひとつとして受け取られたので、そのタイミングでは定着しませんでした。

「P＝パーパス」は、ブランドの「存在意義」のことですが、PJMメソッドにおいては、もう少し分かりやすく、この4つの問いの答えであると、定義をしています。

①このブランドは、「なぜこの社会に存在している」のか？
②このブランドは、社会に「どんないいことを増やせる」のか？
③このブランドは、「何を愛するプロ」なのか？
④このブランドは、「何のテーマのリーダー」なのか？

存在意義というと、「意識の高いこと」を言い合うゲームのようになってしまいがちですが、そうではありません。この4つの質問をグルグルと考えながら、そのブランドだけの志を探していく作業です。**カッコつけず、等身大で、リアルな志**を見つけることが、PJMメソッドの第一歩になります。「類似性の法則」とも言えますが、ブランドも**生活者から「気が合う」と思ってもらう**ことが重要です。

社会にどんないいことを増やすブランドなのか

恋愛で例えると、パーパスは**「社会や生活者への末永いプロポーズ」**であると言えます。別の言い方をすると、そのブランドらしい**「未来の社会への選手宣誓」**であると言えるでしょう。つまり、パーパスを決めるとは、**「私たちのブランドは社会に●●を増やすために存在し続ける」**ということを、宣言・宣誓するということです。

社会にいいことを増やす。それは言い換えれば「世の中を前向きに変革する」ということです。このフォーマットだと「売上」や「シェア」が入らなくなるのも、分かっていただけるかと思います。

例えば、博報堂が増やそうとしている●●は「別解」や「クリエイティビティ」ですが、この●●をブランドらしく定めることが重要です。そうすることで、生活者やステークホルダーから、これが増えるっていいじゃん！　頑張れ！　やってくれ！　と、応援されたり、共感されたりするわけです。

もし難しい場合は、「自分たちのブランドがなかったら世の中にとって何が最悪か？」「自分たちのブランドがないとどんなものが減ってしまうのか？」と、逆説的に考えてみるのもいいかもしれません。


今の世の中では、「ポジショントークをする人」は嫌われます。もともとポジショントークは「自分の立場から発言を行うこと」というような意味で、全くネガティブではありませんでした。ただし、そこから転じて、「自分の立場を利用して、自分に有利になるように発言すること」といった意味を持つようになり、一気にネガティブな印象を持つ言葉になってしまいました。

パーパスは、本来の意味でのポジショントークが非常に重要になります。多くのパーパス策定プロジェクトを担当してきましたが、よくあるのが「みんなにとってのいいことを増やす」など、**〝総花〟的な表現に落ち着く**こと（「総花」とは関係者全員にまんべんなく恩恵を与えることです）。

これは、和をもって貴しとする日本のブランドには、本能的に「敵を作りたくない」という想いがあるからだと思います。

でも、それでは何も変わらない。生活者に覚えてもらえないし、存在意義としては抽象的で、当たり前すぎる。**パーパス規定は、そのブランド固有のポジションを決めることと同義**です。それは、好きなもの・応援するものを決める代わりに、**嫌いなもの・怒りを覚えるものを決めること**でもあります。

いうならば、革命を起こすぐらいの気概で。敵を増やしてくださいということではなく、それこそが**ブランドの多様性の体現**なのだと思います。

具体的ではないパーパスは、全くと言っていいほどワークしません。勇気を出して、独自のポジションを取ったほうがいい。**社会に増やすものは具体的であればあるほどいい**。私はそう考えています。

多くのブランドは「明日消えてもいい」

ブランド不戦敗時代。時々プレゼンで使う言葉です。

今の社会には、ブランドが増えすぎた。ナショナルブランドに対してプライベートブランドが生まれ、最近では、D2C（Direct to Consumer）／DNVB（Digitally Native Vertical Brand）といった新しいブランドのあり方も増えています。

結果、残念ながら、認知されてない優れたブランドは、日本にはたくさんあると思います。

グローバルエージェンシーのハバス・メディアが実施した「Meaningful Brands report」（2021年版）では、**世界中のブランドのうち、なんと75%は、生活者に「今すぐ消えて構わない」と思われている**という結果が出ています。

この数字を真に受けるのであれば、そう遠くない将来、4分の3のブランドは、OEM化（他社ブランドの製品を製造すること）していく流れがくるでしょう。25%のブランドだけが必要とされ、残りの75%のブランドは、そのブランドの傘下で、自分たちのビジネスをするわけです。

また、先述した博報堂が実施した調査（28ページ参照）によれば、**コロナ禍での「発信・取り組みを見て嫌いになったブランドができた／増えた」という人が30%**ほどいました。コロナ禍はブランドにとっては難しい局面でした。ただし、生活者からは一挙手一投足が、シビアに見られていたということです。

この調査ではその後「どのブランドをなぜ嫌いになったのか」も追加でヒアリングをしています。原因となっているのは、広告／コミュニケーションだけではなく、インナー向けの取り組みやトップの発言や、ソーシャルメディアによって透明にされた、ありとあらゆることでした。なんなら、「この局面で何もしなかったこと」が理由だと答えた人も多数いました。**認められるブランドとそうでないブランドの選別が常に起こっている**のだと感じます。

まず、**社会的に認められ、選ばれないと、市場でも生き残れなくなる。**社会的な存在意義であるパーパスが、お飾りではなく、生存のために、利益や売上を増やすために、必要とされているのです。

なんちゃっていいことではなく「本気で取り組めること」

お飾りの社会貢献ではなく、本業そのものを司るのがパーパスという考え方です。ここで少し、私が考えるパーパスの系譜を整理してみたいと思います【図10】。

２００５年頃から企業で言われるようになったのが「ＣＳＲ（**Corporate Social Responsibility：企業の社会的責任**）」というキーワード。企業の社会的責任として「利益を社会に還元する」という考え方です。

本来の意味ではＣＳＲは企業活動そのものを指しますが、稼いで還元という構造の通り、一部の利益を原資にして、ボランティアや森林保全活動、発展途上国への寄付をするなど、**「本業外」での取り組み**をするというケースが多かったです。

ただし、このあたりからビジネスと社会が交差し始めた。これがパーパスの源流なのではないかと思います。

続いて、２００７年頃から、広告業界で**「ソーシャルグッド」**が注目され始めました。コミュニケーションが大事にしているアイデアの力やクリエイティビティを活かせば、社会にいいことができるのではないか、という発想です。

ある意味で、広告に携わる者のプライドだったのかなとも思ったりします（広告は嫌われがちです）が、いずれにせよ、**コミュニケーションにおいて社会に役に立てる取り組み**をしよう、という機運は、ここから始まりました。一方で、「ソーシャルグッドらしき取り組み」も増えていったわけですが……。

ここまでが前半戦です。ＣＳＲとソーシャルグッドの共通点は**「副業的な社会貢献」**ということだと思います。本業の利益を一部還元したり、プロモーションという限定的な領域でトライをしたり。まだ、利益の最大化と社会的価値の創出は相容れないと考えられてきたのです。大きな一歩ですが、それだけでは不十分だということが提唱されたのが

【図 10】パーパスの系譜

２０１１年のことです。

この年、企業戦略の大家であるマイケル・ポーターが**「CSV（Creating Shared Value：共通価値の創造）」**という概念を提唱しました。社会貢献と企業側の利益を両立させていこうという考え方です。

「社会的課題の解決自体をビジネス化する」という言い方が分かりやすいかもしれません。主に、「製品と市場を見直す」「バリューチェーンの生産性を再定義する」「企業が拠点を置く地域を支援する産業クラスタを作る」という3つのアプローチがあるとされています。

この頃から、企業・ブランドは**本業ど真ん中で社会に接続しよう**という風に論調が変わっていきました。

私は、この延長線上に出てきたのが「ブランドパーパス」だと思っています。本業で、**社会を良くするあらゆる行動に取り組むための「起点」を決めよう**ということです。個別具体的な領域での実践になりやすいCSVに対して、すべての活動を社会と接続するための指針を持とう、ということですね。

このように近年、企業・ブランドと社会の関係性は、**副業型から本業型へと変化**しています。もはや、**「お飾りの社会貢献」は通用しません**。言い方は悪いですが、〝荒稼ぎした罪滅ぼし〟をしている場合でもありません。本気で、行動を通じて社会をいい方向へ変革していく必要が出てきたのです。

「過負荷の原則」と「いいね！の法則」

いいパーパスとはどんなパーパスでしょうか。

みなさんは**「過負荷の原則」**という言葉を聞いたことがあるでしょうか？ 筋トレでよく言われますが、トレーニングを行うときは、ある一定以上の負荷をかけないと体は強くならないというものです。100キロのベンチプレスを上げていれば100キロは上げることはできるけれど、筋肉の総量は変わらないので140キロを上げられるようにはなりません。私は、**ブランドにも「過負荷の法則」というものがある**と思っています。そして、それこそが「パーパス」だと思うのです。

例えば、「いい運転を応援する」だけではなく「すべての人の移動の可能性を拡げる」。「アウトドアを楽しむ人を増やす」だけではなく「自然の中で人間として過ごす時間を増やす」。

壮大な目標ほど、ブランドの視座を引き上げる「過負荷の原則」として機能します。

Facebookの創業者・マーク・ザッカーバーグは、2017年にハーバード大学で行った講演で「パーパス（目的）」について次のように話しました。

『パーパスは、自分よりも大きなものの一部である意識を持てる感覚です。自分が必要とされている、取り組むべきより良いものに携わっているという感覚です。パーパスこそが、真の幸福感を作ります』

さらに、具体的な例として、NASAを訪問したケネディ元大統領のエピソードを紹介しました。

『ケネディ元大統領がNASA宇宙センターを訪問したとき、ほうきを持った清掃員の男性を見つけて、こう尋ねました。「君は何をしているの？」。男性はこう答えました。「大統領、私は人類を月に運ぶ手伝いをしています」と』

スタートアップでしばしば使われる**「ムーンショット（人々を魅了する野心的な目標）」**とも近いかもしれません。うちのブランドには背負いきれない……と卑屈になるのではなく、構えは大きく、野心的に、壮大に。**掲げ続けるものだからこそ、簡単に達成できたら困ります**。だからこそ「過負荷」である必要があるのです。

もうひとつの視点は、**「いいね！の法則」**です。突然ですが、みなさんに小さい子どもがいたとします。ある日、将来の夢を聞いてみました。

「たっくん（私の小さいときの呼び名です）、将来の夢は？」

〝普通のたっくん〟はこう答えました。

「宇宙飛行士になりたい！」

両親はニコニコと満足げ……のはずです。

一方、〝パーパス坊やのたっくん〟はこう答えました。

「宇宙飛行士になって、パパとママと一緒に宇宙に行く！」

両親は感激です。この違いはなんでしょうか。

ひとつは**「巻き込み力」**です。自分の夢と両親の体験をセットにすることで、一気に〝仲間〟にしてしまいました。

もうひとつは、**いいことの明示**です。たっくんが宇宙飛行士になると何がいいのか？ということが明快に示されています。両親も一緒に宇宙に行けるようです。

パーパスはIでもYOUでもTHEYでもなく、**WE**であると言われますが、要は聞いた人から「いいね！」が集まりそうか。**社会からの共感・賛同・応援が多く集まるものこそが、いいパーパス**なのだと思います。

パーパス、ミッション、ビジョンの違い

パーパスを制定・導入すると必ず直面する課題は、パーパス、ミッション、ビジョンなどの違いの整理を始めてしまうことです。これはミッション寄りなのではないか、これはビジョンと混同してしまうのではないか――。そして、「ブランドを括るキーワードなんて、もう山ほどあるじゃないか」となっていきます。

私の考えは、**「ブランドの理念体系は整理し始めたらキリがないので割り切ろう」**です。

パーパスは整理論ではなく、発想法なので、それがなんと呼ばれようと、ブランドにイ

ンストールされていれば問題がないと思っています。そもそもブランドごとに、ミッションやビジョンの定義も異なりますので、絶対善として整理しようとすると迷宮入りが、そして、プロジェクトのお蔵入りが待っています。

ちなみに、PJMメソッドにおいては、(一応)私なりに整理をしたものがあります【図11】。

ミッション：日本語にすると「使命」で、自らの「存在証明」とも言い換えられます。自分たちのアイデンティティ(らしさ)を言い当てた、ブランドが推進する事業やビジネスの本質を説明するものであると思います。一人称での宣言であることが多く、創業時点から(きれいに言語化はされていなくても)変わらずにあることが多いです。

ビジョン：ビジョンは「この先数年後にありたい未来の姿」のことで、語源は、vis「見る」+ ion「こと」です。つまり「目に見えること」なので、長期的な目標を見える形にして、段階的にどう実現していけばいいのかを規定したものといえます。パーパスやミッションに比べて、短期的な時間軸になることが多く、具体的な行動の指針となるものです。

つまり、**自分たちのミッション(≒事業)を起点に、社会との関係性・提供価値を言語化したもの、自分たちが誰の何のために頑張るのかを言い当てたものがパーパス**で、その

パーパス	ミッション	ビジョン
社会での存在意義	自らの使命	ありたい未来の姿
長期	長期	短期
不変	不変	可変
WE	I	-
自分たちの 「社会に対する存在 意義」 未来の社会に対する 選手宣誓	自分たちの アイデンティティを 言い当てるもの ブランドが推進する 事業やビジネスを 説明するもの	長期目標を 見える形にしたもの 段階的にどう 実現していけば いいのかを 規定したもの

【図 11】パーパス、ミッション、ビジョン

中で**短期的に注力して実現する目標を定めたものがビジョン**、という関係性です。

ちなみに、そのために大切にする行動基準や価値観・文化は、バリューやクレドといった形で規定されることが多いです。いずれにせよ、よっぽどの事態でない限り、ここの整理に時間を使うのはオススメしません……。

「パーパス・ウォッシング」にご注意を

「パーパス・ウォッシング」という言葉を聞いたことはあるでしょうか。パーパスが浸透してきているからこそ、最近取り上げられることが多い概念です。

そもそもウォッシングとは、**「ホワイトウォッシング（ごまかす・取り繕う）」**を語源とした言葉で、パーパス以外にも例えば「SDGsウォッシング」や「グリーン・ウォッシング」などの使い方をされています。

要は、**「表面的にだけパーパスを導入してごまかしている」**ことに警鐘を鳴らす言葉です。パーパスを決める理由は「掲げるため」ではなく「行動するため」ですが、掲げて満足……というケースも正直あります。お守りではないので、掲げただけでは何も変わりません。その中途半端な状態が続くと、「パーパス・ウォッシング」に陥ってしまうわけです。

ここで、先行事例として、「グリーン・ウォッシング」のケースをスタディしてみます。Futerra社が中心となって2009年に発行された"Understanding and Preventing Greenwash: A Business Guide"には、「グリーンウォッシングの10のサイン」が載っています。

①ふわふわとした言葉遣い（ex：エコフレンドリー）
②優れた製品の裏の「ダーティな企業」（ex：河川を汚染する工場で作られたエコな電球）
③何かを連想させるビジュアルの使用（ex：煙突から花が咲いている写真）
④不適切な主張（ex：唯一の小さなグリーン属性を強調）
⑤ひどい状態の他社と比較してNO1を訴求すること
⑥信ぴょう性に欠けるメッセージ（ex：有害な製品をエコだと紹介する）
⑦難しすぎる専門用語の羅列
⑧架空の第三者機関による「でっちあげの認証」
⑨証拠がない言い切り

⑩虚偽の内容・事実の捏造

「パーパス・ウォッシング」にもほぼ当てはめられる内容ではないでしょうか。

誠実に、真摯に行動をし続けないと、パーパス制定はかえって逆効果になる可能性がありますので、覚悟を持った導入と変革が必要になると思います。

確かに、今までは、パーパスを掲げて発信するだけで評価されました。先行者優位というやつです。しかしこの先、**パーパスが広く当たり前になれば、取り組みが比較され始めます**。つまり、目線は絶対にシビアになる。だからこそ、「パーパス・ウォッシング」のリスクは、頭の片隅に置いておく必要があります。

パーパスは2つの視点を組み合わせて開発する

では、いよいよ実践編です。

パーパスはどのようにして作っていけばよいのでしょうか。「PJMメソッド」では、2つの視点を組み合わせて、パーパスを仕上げていきます。

ちなみに、セミナーなどでよくされる質問が「パーパスって、企業単位で策定するものなの？　商品やサービス単位でもいいの？」というものです。

もちろん、上位概念から順に、つまり、企業→事業（カテゴリ）→商品／サービス、というようにパーパスが定まっていくことが理想です。とはいえ、実務においてそういうケースは稀なので、冒頭の質問となるのだと思います。

私の考えは、**「継続的なマーケティング／ブランディングの対象であるなら、どんな単位でもパーパスはあったほうが望ましい」**です。

例えば、ワンシーズンだけ店頭で展開されるお菓子の季節限定のフレーバーにパーパスがいるかといえばそうではありませんが、継続的にマーケティング投資をしていく自動車の新型モデルであれば、パーパスはあったほうがいいと思います。

また、企業ブランドにパーパスがまだないからといって、商品ブランドで制定するのを待つ／諦めるといったことは、私はしなくてよいと思います【図12】。

①ブランドを代表するファクト・ストーリー

ひとつ目の視点は「ブランド」です。ブランドを代表するようなファクトやストーリーを見つけて、パーパスの土台としていきます。

例えば、そのブランドがスタートしたときの企画書や、創業者や社長の理念、開発者が

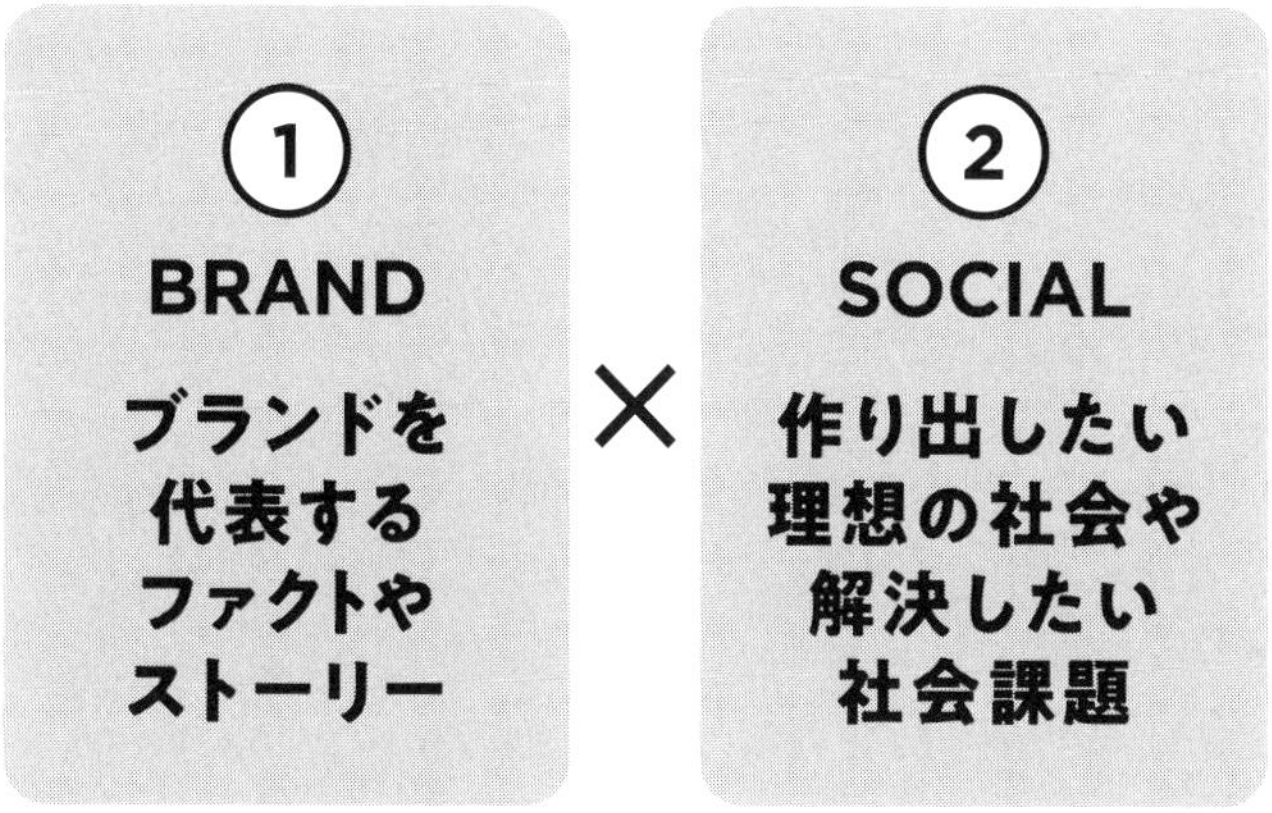

【図12】パーパスを開発する2つの視点

持っている想い、ファンからの評価やメッセージなどを棚卸ししていくことで、**「らしさ」の本質を見抜き、解像度を上げていきます。**

②作り出したい理想の社会・解決したい社会課題

ふたつ目の視点は「ソーシャル（社会・生活者）」です。

この視点が、パーパス開発の肝になります（すごく雑に書くと、①の視点を強く持つとミッションのようになります）。さまざまな手法での生活者へのリサーチや未来洞察なども活用しながら、**自分たちのブランドはどんな理想の社会を作りたいのか、どんな社会課題を解決したいのか**を、具体的に規定していきます。

これらの視点を掛け算して、パーパスを規定していきます。そのまま書き下すのであれば、**「●●という強みやDNAを活かして、●●な社会を実現し、豊かで幸せな生活者を作り出す」**といった形になるでしょう。

パーパスは、コピーライティングよりもコンセプト・ライティングの技術です。どのように言うかより何を言うかに時間を掛けるためにも、丁寧なインプットとそれを咀嚼して考える時間が重要になるのです。策定したパーパスは、ブランドに関わるすべての人の行動指針や判断軸になっていくことが理想です。

ワーク①：ブランドを深掘りする3つの視点

まずは、「ブランドを代表するファクト・ストーリー」の探し方です。すべてのブランドは、大なり小なりいろんなエピソードや取り組みの集合体でできています。

パーパスを作るにあたり、ブランドを代表できるファクトやストーリーを見つけ出すために、いろいろな視点からそのブランドについての**「外せないファクト」**や**「印象的なエ**

ピソード」を探していきます。

ここでいう外せないや印象的とは、「長いこと使っていた」や「大ヒットした」といった数の原理ではなく、魂がこもっているか、この先もブランドとして大切にしたいかどうかという質の視点です。

ＰＪＭメソッドでは、ブランドを代表するエピソードは、**「WE・YOU・HERO」**の3つの視点で探していきます【図13】。

①WEの視点

ブランドに携わる**「私たち」**の視点です。

例えば、創業者はどのような想いでブランドを立ち上げたのか。今ブランドを指揮するキーパーソンはどんな野望を持っているのか。関わる人達のモチベーションや期待はどんなところにあるのか。これまでにどんな商品やサービスをどんな狙いで展開し、また、どんなキャッチコピーやグラフィックを展開してきたのか。

ブランドのＤＮＡに当たる部分を、徹底して深掘りしていきます。もちろん、ブランドの上位概念である企業の戦略や、国が発表している産業ごとの未来予想へのブランドが思うことなども参考になります。

WE 私たち	・創業者はどのような想いでブランドを立ち上げたのか ・いまブランドを指揮するキーパーソンはどんな野望を持っているのか ・関わる人のモチベーションや期待はどこにあるのか	●ワークの例 ・経営層全メンバーヒアリング ・全社員アンケート ・コミュニケーションの変遷の振り返り
YOU ステークホルダー	・ファンや関係者などの声 ・パートナー（流通や工場など）の本音 ・有識者（メディアやKOLなど）の見立て ・競合ブランドの想い	●ワークの例 ・インフルエンサーヒアリング ・関係者の覆面座談会 ・元ファンの〝あのときはよかったエピソード〟収集
HERO 憧れる存在	・ブランドの持つ憧れ、モチーフ ex：教育業界のAppleになりたい ex：飲食業界の坂本龍馬になりたい	●視点の例 ・他カテゴリのブランド ・実在の人物 ・ドラマや映画の主人公、など

【図 13】ブランドを見直す3つの視点

過去のプロジェクトでは、経営層全メンバーに1時間ずつヒアリングをしたり、関わる全社員にアンケートを実施したり、これまでのコミュニケーションの変遷をブランドマネージャーが解説したりといったワークをして、キーワード化をしてきました。いずれも当たり前に光を当て直す作業なので、外部の目を交えてトライすることに価値があります。

②YOUの視点

硬い言い方をすれば、ブランドを支える**「ステークホルダー」**の視点です。

ブランドを支えるファンや関係者などの声から、客観的にそのブランドのよさを解説します。コアファン、元ファン、アンチ層に聞くだけでも、いろいろなブランドらしさと出会うことができます。パートナー（例えば流通や工場など）、有識者（例えばメディアや専門家など）、もっというと競合他社はどんな風にあなたのブランドを見ているでしょうか。いいところを言ってもらうのはもちろん、批判や疑問こそ価値があります。

過去のプロジェクトでは、該当テーマに強いインフルエンサーにヒアリングをしたり、関係者の覆面座談会（本音を言えるようにするため）をしたり、元ファンを集めて〝あのときはよかったエピソード〟を収集したりしてきました。

自分たちの〝らしさ〟は、意外なほどに自分で分からないものですし、自分たちが訴求していない要素がキーワードとして表れたりします。

③HEROの視点

最後は、ブランドが**「憧れる存在」**の視点です。

例えば新ブランドの場合、事業統合の場合などは、十分にWE・YOUの視点が揃わないケースがあります。そういう場合は、**ブランドの持つ憧れ（HERO）を、DNAとして憑依させる**わけです。

例えば「教育業界のAppleになりたい」といった目標であったり、「飲食業界の坂本龍馬になりたい」といった目標であったり。それが出たあとは、Appleや坂本龍馬の何に憧れているのか？　を言語化していきます。

対象は、ブランドはもちろん、実在の人物などもいいですし、過去のプロジェクトでは、ドラマや映画の主人公などが憧れになったケースもありました。いずれにせよ、共鳴する相手を探すことも、志を決める上では重要になります。

この3つの視点でまずはエピソード（「このブランドは●●である」）をたくさん集めていき、最終的に自社ブランドを代表する「ファクト・ストーリー」を仕上げていきます。

このフェーズは、大きく2つのやり方があります。

ひとつ目は**絞り込み**。単純に優先度を比較して、らしいもの／らしくないものを選んでいきます。

もうひとつは**組み合わせ**。複数のファクトの共通点を言い当ててキーワードにしたり、背景にある共通のパッションを言語化したり。もちろん、100個のファクトを生活者に丹念に伝えられれば万々歳ですが、もちろんそうもいかないので、厳選する必要があるのです。

どのようなやり方を取ってもいいですが、私たちは付箋を活用して「KJ法」(文化人類学者の川喜田二郎氏が考案した情報を整理・分析・構造化する手法)を用いて進めていくことが多いです。最近では、オンラインホワイトボードツールもありますし、リモート環境でも十分に進めることができます。

最終的には、「わたしたちのブランドといえば●●である」という珠玉のキーワードが、3～5個規定できれば、ワークは完成です。

ワーク②：「作り出したい社会・解決したい社会課題」の具体化

「ブランドを代表するファクト／ストーリー」が明らかになったら、次はもうひとつの視点「作り出したい社会・解決したい社会課題」を決めていきます。

「作り出したい社会」と「解決したい社会課題」となっている通り、この視点には**「ポジティブ増幅型」と「ネガティブ解消型」**があります。

ポジティブ増幅型は、例えば感動を増やすといったように「0→+」のもの。

ネガティブ解消型は、例えば差別で苦しむ人を減らすといったように「−→0」のもの。

自分たちのブランドがどちらを目指すのかは、みなさんの想いもありますし、先程決めたDNAとも重なる部分が多いです。

いずれを目指す場合でも、PJMメソッドでは「イシューハンティング」というアプローチで、その兆しをつかんでいく作業をします。

イシューハンティングは、**生活者の希望や絶望、期待や不満、興奮やイライラ**などを、リアルにつかんでいくためのリサーチのこと。定量調査やデプスインタビュー、有識者ヒ

①社会を捉えるテーマ・切り口
（対人関係／コミュニケーション）

②今の社会／生活の希望／絶望
（コミュ力というモノサシでコミュニケーションに優劣を付けられること）

③なぜそう思っているのか
（誰かのモノサシで自分のコミュニケーションを判断されると居心地が悪いから）

④どうしたら（もっと）よくなると思うか
（「●●力」ではなくそれぞれの心地よさを追求する）

⑤そのために何をするべきだと思うか
（尺度を「上手い／下手」ではなく「気持ちいい／悪い」にする）

【図14】イシューハンティングの5つのステップと例

アリング、記事クリッピング、ケーススタディなど、手法を横断して取り組んでいくものです。

何度も繰り返している通り、具体化がとにかく重要になります。ありふれた言葉に飛びついて「ダイバーシティの推進」「QOLの向上」といった紋切り型のキーワードで思考停止をしないよう、気をつけてワークを進めていきます。具体化は、**パーソナル化**と言い換えてもいいかもしれません。一人ひとりの生活者が理解して、共感してくれるかどうかが、すごく重要です。ですので、さまざまなテーマに対して、この5つの視点で深掘りをしていきます【図14】。

①社会を捉えるテーマ・切り口

②今の社会／日々の生活に対しての希望／絶望
③なぜそう思っているのか
④どうしたら（もっと）よくなると思うか
⑤そのためにするべきだと思うか

もちろん、いきなり①のテーマで詰まることもあると思います。その場合は、ＳＤＧｓを切り口にしてみるといいと思います。

ＳＤＧｓには、17の目標とそれに紐づく１６９のターゲットが存在していますので、それぞれについて語ってもらうだけでも解像度が上がります。ただ、本当は18個目の目標をブランドらしく定められると、新しく大きなテーマになる可能性が高いです。

例えば、「コミュニケーション」をテーマに実際にミレニアル世代にヒアリングをして、イシューハンティングをやってみました。

①テーマ・切り口：対人関係／コミュニケーション
②絶望：コミュ力というモノサシでコミュニケーションに優劣を付けられること
③その理由：誰かのモノサシで自分のコミュニケーションを採点されると居心地が悪

いから

④改善案：「●●力」ではなく、それぞれの心地よさを追求する

⑤必要な取り組み：コミュニケーションの尺度を「上手い／下手」ではなく「当事者が気持ちいいか」にする

こうなると、例えば、「作り出したい社会」は、「気持ちのいいコミュニケーションであふれる」「他人のコミュニケーションに横槍を入れない」社会といったように規定ができます。

すぐに「豊かなコミュニケーション」としないで、①〜⑤のプロセスの中で具体キーワードを作っていくことが大事なのです。自社ブランドの特徴と、この「解決したい社会課題」をリンクさせてパーパスを作るには、生活者ととことん向き合って、ブランドと社会と生活者を行き来しながら考えていく必要があります。

エッジの効いたパーパスを作る2つのコツ

「作り出したい社会・解決したい社会課題」も規定されたら、いよいよパーパスとして明文化をしていきます。一緒にステートメントを制定してもいいでしょう。

このタイミングでクリエイティブ・ディレクターやコピーライターを入れて、「表現」として完成させていく方法もあります。ただし、これまでやってきた2つのインプットを掛け算すれば、強い言葉は生まれると思うので、愛着を持てるパーパスにするという意味でも、先程紹介した4つの質問を横目に見ながら、**みなさん自身で形にすることがオススメ**です。

決まってみれば数十文字のパーパスではありますが、作り上げるまでにたくさんのインプットをしてきました。もちろん、インプットに時間をかけずに、それっぽい言葉を羅列して「適当に作っちゃう」こともできます。

でも、それでは表面的にパーパスが決まっても、そのブランドは何ひとつ変わりません。丁寧にインプットをして、**プロセスも含めて具体化・身体化していく作業こそが重要**なのです。

例えば、あるブランドのパーパス策定では、半日×4回のワークショップをした後、メンバーを絞って、オフサイト合宿で議論を繰り返しました。

ただし、議論を重ねれば重ねるほど、そして関係者が増えれば増えるほど、オオゴトになればなるほど、**抽象的、総花的な言葉になっていきます**。そして、経験則ですが、どれも似てくる。せっかく掲げるのに、らしさがないのはもったいないです。

かといって、パーパスは「陣取りゲーム」ではないので、相手がこう言ったのでうちはこう言おうという競争発想を持つ必要もありません。

考えに考えてそれでも難産だったときに、「エッジの効いたパーパス」を作るために、2つのテクニックがあります【図15】【図16】。

①「対比法」

競争をするわけではないのですが、あえて戦略的に対比をしてみる方法です。

「昔はこうだったけどこれからはこう」「同業他社はこうだけどうちはこう」など、比較から個性を際立たせる方法です。

効率化ではなく偶然の出会い。正論ではなく、持論。通信手段ではなく、気持ちのインフラ。同じ軸で競う必要はなく、あくまで個性を際立たせるための枕詞を探すと、自分た

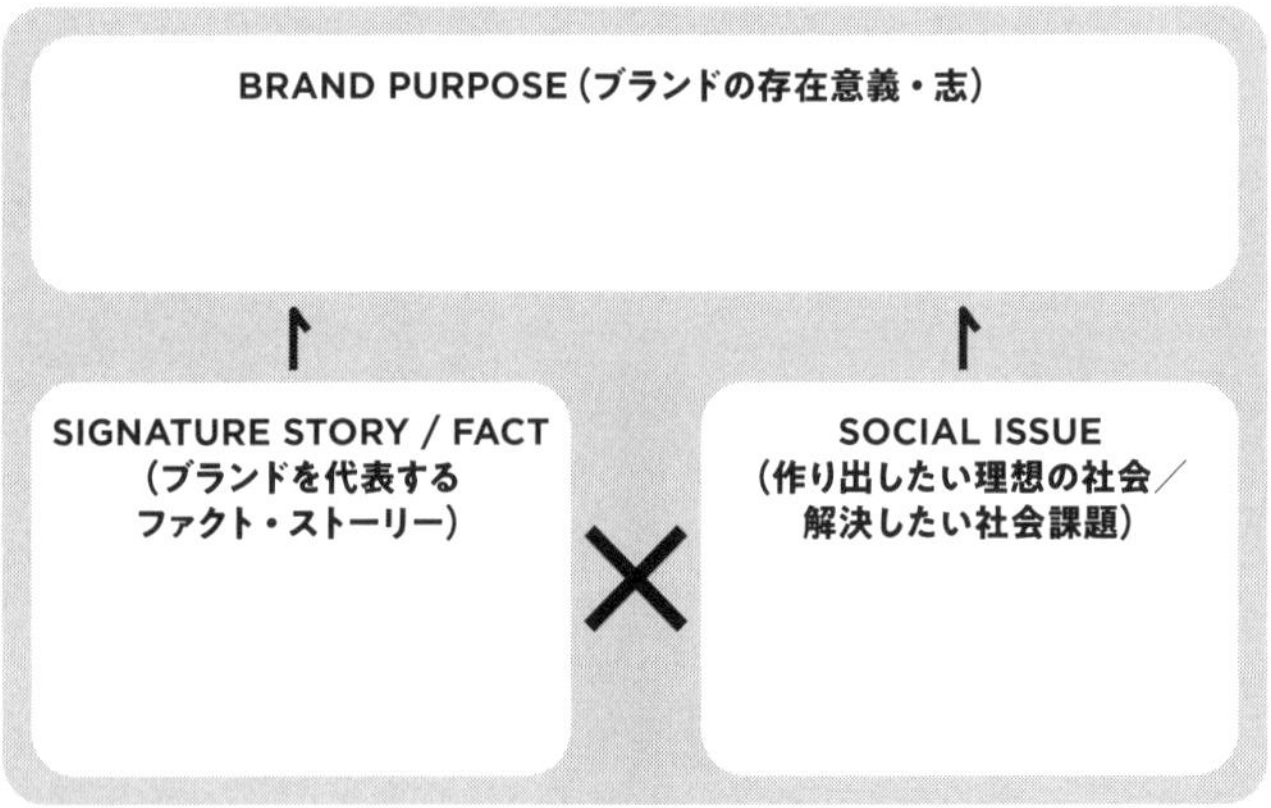

【図 15】パーパスを規定するフォーマット

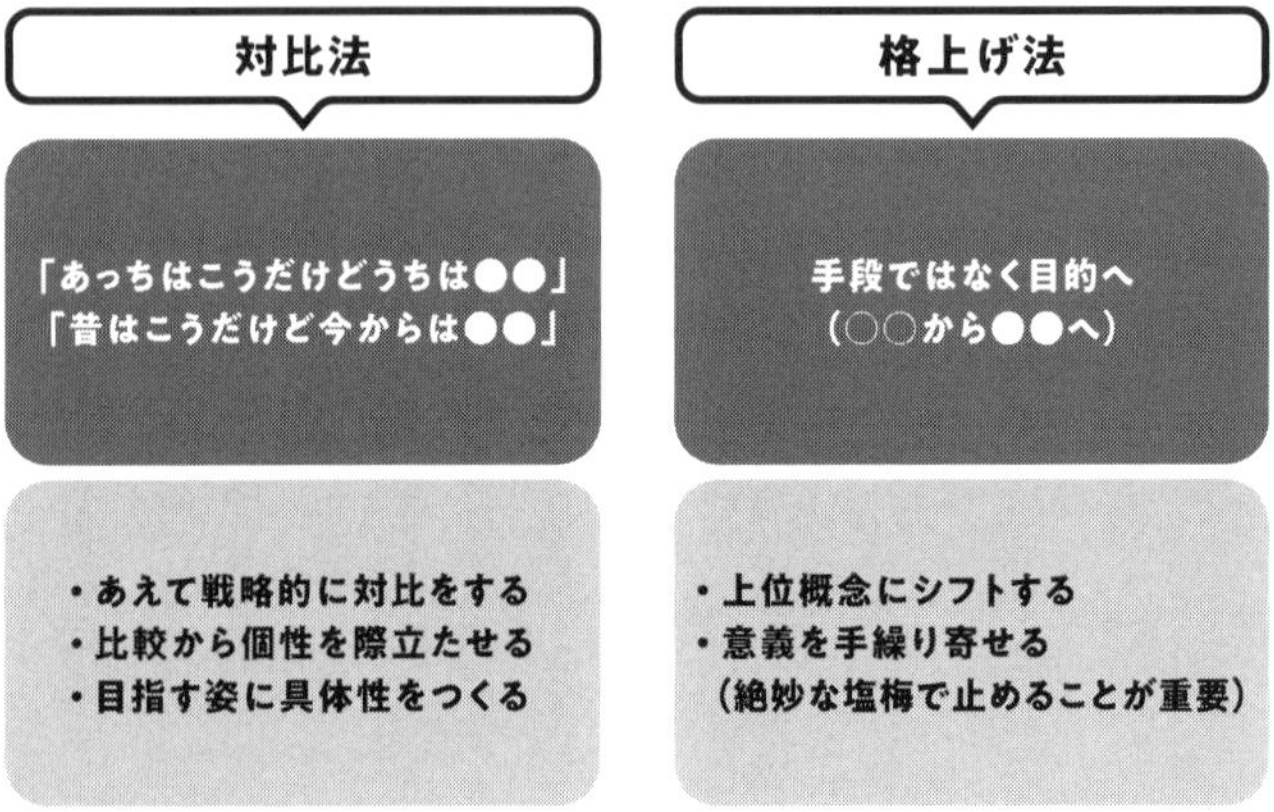

【図 16】対比法と格上げ法

ちの大切なものが見つかったりします。

私が担当しているソフトバンクの運営するXRコンテンツ配信サービス・NiziU LAB（ニジューラボ）のパーパス「（テクノロジーの力で）アーティストとファンのつながりを応援する（ために存在している）」には、「速くつながるだけでなく」という対比があります。

また、私たちのグループ会社である九州博報堂のパーパスは、「地域の情熱たちと、未来をつくる。」であり、ステートメントの中には「愛される価値を作る」という表現を使っています。これも、「現在だけでなく」「使われるだけでなく」という対比をすると、分かりやすくなるのではないかと思います。

対比を作ることで、目指す姿に具体性が生まれやすくなる点がポイントです。

②「格上げ法」

「手段ではなく目的」と上位概念にシフトしてパーパスを作っていくアプローチです。

クルマではなく、移動を作っている。移動ではなく、出会いを作っている。出会いではなく、人生を変える体験を作っている。行き過ぎると抽象的になってしまうので、絶妙な塩梅で止める必要があるのですが、**「●●ではなく●●」**というルールで思考を深めていくことで、意義を手繰り寄せることができます。

ゼクシィの新しいタグライン「幸せが、動きだしたら。」は、サービスのドメインを式場予約事業／結婚産業ではなく、幸せ産業と位置づける想いを込めて開発されたものです。

また、博報堂DYグループのエンタテインメント事業会社・博報堂DYミュージック＆ピクチャーズは、パーパスとして「SER（*Sei-katsu-sha* Emotion Responsibility：生活者の感情に責任を持つ会社）を掲げています。

これは、エンタテインメントの本質を捉え直した上で、自社事業の定義を「感情創造責任」と一つ上にシフトしたからなわけです。

良いパーパスは、**純度が高く、エッジが効いていて、シンプルですが具体的**なものです。ですので、それを規定するためには、時として、こういった強制発想も重要になります。

ただ、繰り返しですが、いきなりこうしたテクニックに走るのではなく、まずは土台となるインプットを丹念にすることが重要です。

完成したパーパスを5つの視点でチェックする

完成したパーパスが総花的で抽象的でないほうがいいというのは、先に述べた通りですが、できあがったものは、次のチェックポイントに照らし合わせて確認しましょう【図17】。

①社会に「具体的に」存在意義を表明できているか

－抽象的な表現ではないか

－対極の価値観・志が思い浮かぶか

②ブランドらしいDNAを忘れてないか

－ブランドのDNA（左下ボックス）を踏まえているか

－カテゴリとしても親和性があるか

③「便利」ではなく「嬉しい」を目指しているか

－オトク・便利・簡単など「利便性」メインになっていないか

① 社会に対して「具体的に」志を表明できているか

② ブランドらしい個性を忘れてないか

③ 「便利」ではなく「嬉しい」を目指しているか

④ ブランドの「新しいパートナー」が思い浮かぶか

⑤ カテゴリを超える「新しいアクション」が思い浮かぶか

【図 17】いいパーパスのための「5つのチェックポイント」

―増やす「感情・気持ち」を具体的に言えるか

④ブランドの「新しいパートナー」が思い浮かぶか

―パーパスに集ってくれる業界外のパートナーがいそうか

―同じ方向性のパーパスを既に掲げている先輩はいるか

⑤カテゴリを超える「新しいアクション」が思い浮かぶか

―新しい事業・サービス・プロダクトなどが思い浮かぶか

―今のメイン事業をやめても掲げたいパーパスか

特にチェックをしておきたいのは、④と⑤です。

パーパスがブランドにもたらすものは**「未来を見据えた新しい可能性」**です。だから、業界内に閉じてしまったり、今までの取り組みだけを肯定するものだったりすると、まだもう一歩かもしれません。業界の垣根を超えたコラボや、新事業への進出のアイデアが思いつくものでしょうか。新しい取り組みの真ん中に置けるでしょうか。最後の仕上げの段階で、この点を意識しながらインプットを見返すことも有効です。

パーパス・メソッドではなく「PJMメソッド」な理由

以上、パーパスの概論から始まって、具体的な開発のアプローチを紹介してきました。次章からは、ジョブ・モーメントについて紹介をしていきます。なぜ「PJMメソッド」なのか。それは**パーパスだけではさまざまなマーケティング施策を実行していく難易度が高い**からです。

先述の通り、パーパスを規定する理由は、それを起点にさまざまなアクションを形にしていくためです。

言い換えると、ブランドを**「BE DRIVEN」（宣言型）から「DO DRIVEN」（行動型）**にシフトしていくため。**ブランドが行動力を高めていくためにパーパスがあります。**

そうはいうものの、パーパスという北極星を決めただけで、いきなりブランドが行動をできるようになるわけではない。そこで、行動への補助線として、**競合を見直す視点である「ジョブ」と、生活者をリアルに見立てる「モーメント」を掛け算**するのです。これがあることで、どんな打ち手を取るべきなのかのヒントが増え、ストーリーが描けるので、クリエイティブジャンプしながら、行動を設計することができます。

ＰＪＭメソッドは、最初はパーパスの制定に主眼を置いたメソッドでした。ただし、それだと、単なる定義の刷新止まりになってしまいがち。**ジョブ・モーメントと掛け算するフェーズこそが、数あるパーパスブランディングのアプローチの中での、独自性**だと思いますし、実務で苦しんだからこその結果だとも思っています。

誰も否定できないけど変革にはつながりにくい「正論」を超えて、正しいだけで終わらない生きたブランドを作るのが、ＰＪＭメソッドの役割だと思います。

Part 2 P：パーパスを掲げるのまとめ

✔ PJMメソッドは「3C分析」を逆転させて作った、ブランド・競合・生活者を捉える視点をアップデートできる、マーケティング／ブランディングのメソッドである。広告だけでなく、ブランド体験すべてを設計するためのもの。

✔ P＝パーパスは、ブランドの「存在意義・志」のこと。ブランドがなぜ存在しているのか、どんないいことを増やせるのか、何を愛するリーダーなのかを具体的に規定する。

✔ 無理に意識の高いことを言ったり、それっぽいことを決めたりすることではなく、「本気で取り組めること」を宣言／宣誓するという覚悟が必要（過負荷×いいね！）。

✔ パーパスは「ブランドを代表するファクト・ストーリー（I・YOU・HERO）」と「作

り出したい理想の社会・解決したい社会課題（イシューハンティング）」を組み合わせて、ポジショントークができるものを目指す。

✔完成したパーパスは5つの視点（具体性・DNA・嬉しさ・パートナー・アクション）でチェックする。特に、新しいパートナーやカテゴリ外の取り組みが想像できるかが重要。

プチ・エクササイズ

Q.

あなたのブランドを象徴する「一言キーワード」（「私のブランドは社会に●●を増やすために存在している」の●●）は何だろうか？
それが生活者にとって嬉しいのはなぜだろうか？

Part 3

J:ジョブを見抜く

「ジョブ」はブランドが稼げる「本当の理由」

「J＝ジョブ」は、**生活者がブランドにお金や時間や気持ちを投資してくれる「本当の理由」**であり、そのブランドで生活者が満たしたい「本当の欲求」のことです。

「ジョブ」という考え方は、イノベーション研究の大家であるクレイトン・クリステンセンの書籍『ジョブ理論 イノベーションを予測可能にする消費のメカニズム』（ハーパーコリンズ・ジャパン）で提唱されたものです。

生活者が商品やサービスを利用するときには必ず「成し遂げたい目的」があります。その目的が「ジョブ」です。

言い換えると、「ジョブ」は「顧客が片づけなければならない仕事」を指しています。少し難しいですが、**生活者は目的なく商品やサービスを買ったり使ったりしないよね**、ということだと思います。

クリステンセン教授は、商品やサービスが消費されるかは、**顧客の状況と顧客の「片づけるべきジョブ（job-to-be-done）」次第**だと述べます。

これは、偉大なマーケターであるセオドア・レビットが、「（顧客がドリルを購入する理由は）

商品としてのドリルそのものではなく、ドリルを使って得られる〝穴〟だ」と指摘したことや、経営学者のピーター・ドラッカーが「顧客が欲しいのはプロダクトではなく、彼らの抱える問題の解決策だ」と述べたこととも似ています。

「PJMメソッド」におけるジョブは、**生活者とブランドの関係性を捉え直して成長のヒントを見つける、競合を捉え直すフェーズ**です。理念を追求したパーパスに対し、気持ちを追求するのがジョブです。

ジョブを理解するポイントを、5つにまとめました。

①ある状況で生活者が達成したいこと＝ジョブ

生活者が商品やサービス（広くはカテゴリ）に**お金を払うのは、自分たちの中に「片づけるべきジョブ」**、言い換えると、成し遂げたい目的があるわけです。最も根源的には、生活者は「ジョブを解消して快感を得たい／楽になりたい」という欲求を持っています。

②生活者は「ジョブ」を片づけるために製品やサービスを「雇う」

自分のジョブを解消する手段として、生活者は特定の商品・サービスにお金を払います。

いうならば、生活者は、**解決策として、その商品・サービスを〝一時的に雇って〟いる**わけです。その主従関係が重要です。

③何を雇うかは都度変わっていく

定番の選択肢はもちろんありますが、その人の置かれた状況や気分によって、**毎回雇うものは変わります**。ジョブを見抜くためには、**「どんな状況で」「なぜ」雇ったのか**という生活者のリアルな気持ちに着目することが重要です。

④雇って得られるものは「利便性」と「嬉しさ」

例えばコーヒーを雇うジョブを考えてみると、必ずしも「眠気を覚ましたい」だけではないと思います。「息抜きをしたい」「リフレッシュしたい」「カッコいいと思われたい」などもあるかもしれません。**役に立つかというジョブだけで雇用が起きるわけではないので、その先にある意味や気持ちを捉えることが重要**です。

⑤新しい競合／パートナーが見つかるか

「ジョブ⇕雇われる製品・サービス」という関係で構造を捉え直すと、新しい競合／パートナーが出てきます。それを**フレネミー（フレンド＝友だちとエネミー＝敵を組み合わせた言葉：パートナーにもライバルにもなる存在）**と呼びます。

例えば、コーヒーを「朝イチの気分を上げたい」というジョブで選ぶ人は、コーヒーを炭酸水や、香水や、アップテンポの音楽と比較しているかもしれません。ジョブを洗い出してフレネミーを設定すると、闘い方も変わってくるのです。

最後にフレネミーが示唆されるため、ジョブは、「競合」のフェーズに当たります。柔らかい頭でジョブを探索しながらフレネミーと出会っていくことで、作り出す顧客体験のヒントを発見していきます。

生活者の「気持ちの解像度」を上げる

ジョブ理論に即すと、髪を切りに行くときというのは、例えば「さっぱりしたい」というジョブを片づけるためということになります。

このように、生活者には、普段から、片付けたいジョブがたくさんあります。つまり、この**ジョブを見抜けるかどうかが、顧客体験を設計するときのポイント**になるわけです。

髪を切りに行く場合でも、少し考えただけでも、「イメチェンしたい」「気分転換したい」「涼しくなりたい」「ヘッドスパをされたい」「美容師さんと話したい」など、いろいろなジョブが起点になっている可能性があります。

さらに、コンテクスト（文脈）が掛け算されてくる。失恋したあとなら、蒸し暑いなら、悪いことが続いていたら、などです。**どんな状況に置かれてどんな気持ちを抱えているのかを、〝大喜利〟かのように洗い出す**ことが、ジョブのフェーズでは重要なポイントになります。

ちなみに、生活者が商品・サービスにお金を払う理由は本質的に何らかの**「お題」の達成**のためだと思うようにしています。「課題の解決」という言い方をすると、コンプレックスやネガティブなものが想起されがちですが、ジョブはその限りではありません。

例えば「アフターコロナはみんなと会いたい」だって立派なジョブ。だから、どちらかというと、私は「お題」であると捉えています。言い方だけの話ですが、先入観を排除するためには、意外と重要です。

消費というのは、生活者の中に何らかの「気持ち」があって、その目線で吟味・判断をして、商品・サービスを購入することです。

自分のことを全く無視してお金を払うことは、ほぼありえない。

「今日は頑張ったからご褒美買って帰ろう。ケーキ屋さんに寄りたかったけど、もうやってないし、何がいいかな。ビールにしようか、アイスにしようか、それともマンガかな。いや、マッサージに行くのもいいかも」

まず気持ちがあって、そのアンサーとして、商品やサービスがあります。

……と、めちゃくちゃ当たり前のことを力説していますが、気持ちがあって商品やサービスがあるという自明のことが、なぜかマーケティングでは忘れられるケースがあります。

特に最近、正直、生活者のインサイトが置き去りにされることが多い気がします。それを私は「上滑りしている」と形容していますが、言いたいことさえ言えれば大丈夫、となってしまうことがある。

私たちは年がら年中、モノを買いたい、もっというと、お金を払いたいと思って、街を歩いているわけではありません。

普通の生活が営まれていて、その生活の中でのさまざまな気持ちや気分の動きから何かを欲する。そこに商品・サービスがちょこんと待っている、くらいの温度感を持っておくことが重要なわけです。

そういう意味では、ジョブ理論は生活者発想そのものだと思いますし、今の時代、改めて問い直す／整理する意味があります。

パーパスがブランド視点のStart with Whyだとしたら、ジョブは生活者視点のStart with Why。生活者に「なんでですか？」と問い続ける姿勢が重要になります【図18】。

ジョブとニーズのシンプルな違い

セミナーなどでジョブについて話していると、最もよく聞かれるのが「ジョブとニーズはどう違うんですか？」ということです。

パーパス／ミッション／ビジョンの違いをなんとか乗り越えたと思ったら、今度は

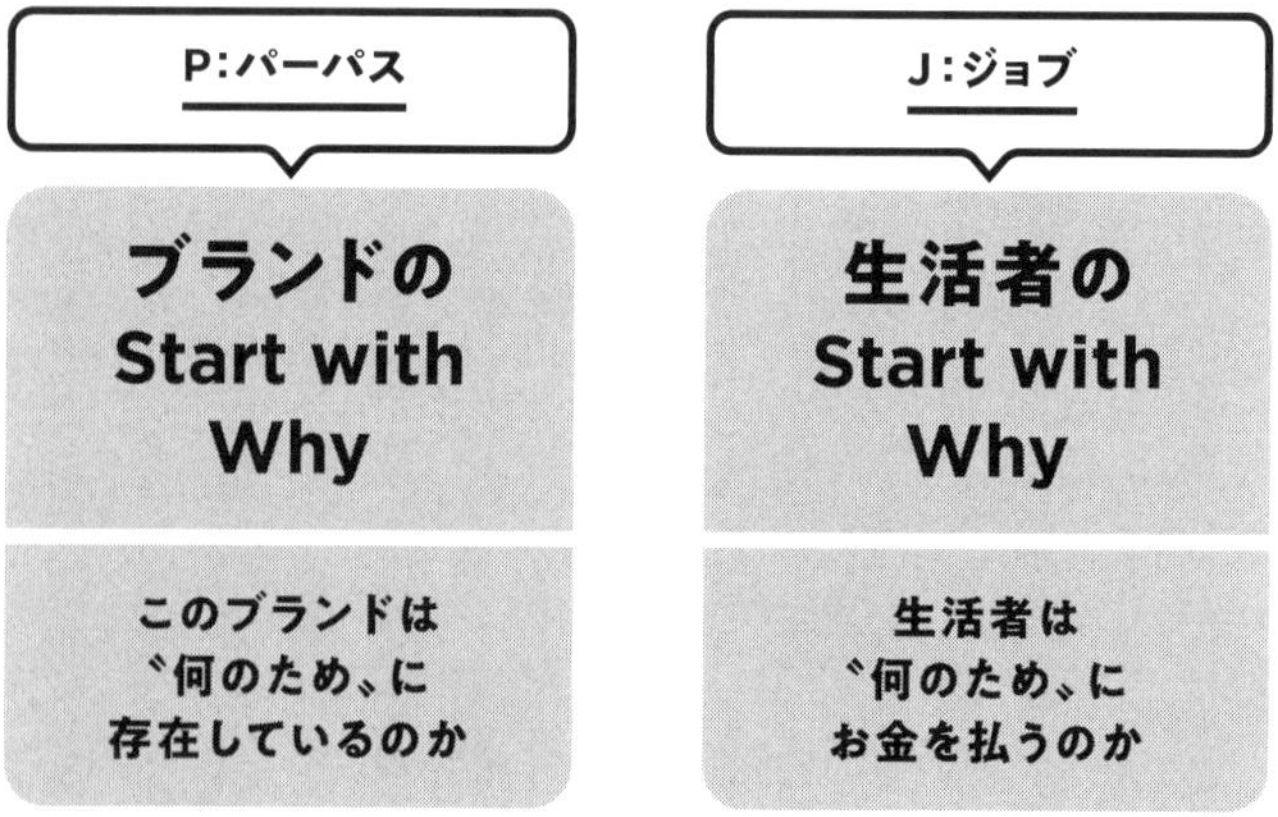
J：ジョブ
生活者のStart with Why
生活者は〝何のため〟にお金を払うのか
P：パーパス
ブランドのStart with Why
このブランドは〝何のため〟に存在しているのか

【図18】2つのStart with Why

ジョブとニーズの違いです。これも狭義の定義論争になるのは避けたほうがいいと思っていますし、それぞれ緩やかに被りながら似たような場面で使われているので、確かに明快に整理をすることは困難です。

ただし、最もシンプルに整理をするのであれば、

ジョブ＝気持ちの想起
ニーズ＝打ち手の想起

ということだと思います【図19】。「友達に悩み相談したい」というのはジョブですが、「(そのために)チャットしたい」というのがニーズです。**ニーズは「必要なもの」なので、必ず具体的な手段に対してかかってきます**。「あのコーヒーチェーンに行きたい」となったらニーズです。「コーヒー飲みたい」は微妙なところで、「眠気を覚ましたい」だったらジョブになります。ちなみに、**ジョブとニーズが一体化した形で出てくるブランドは、強いブランド**です。迷いの余地を排除できていますから。どのジョブであればいきなり自分たちが想起されるのかは、考えてみると楽しいです(悲しくなることもあります)。

先程のインサイトの話と同じで、これまでのマーケティングは、ニーズ発想になりがち

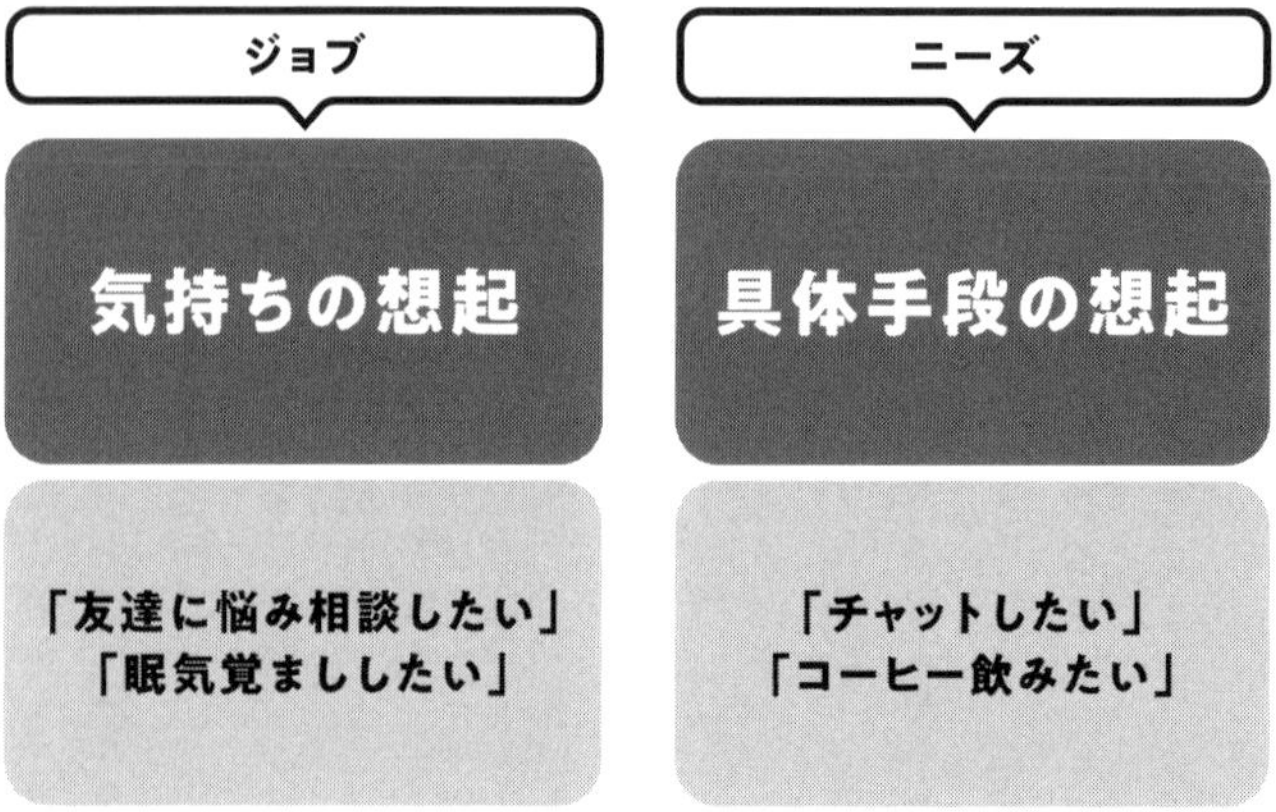

【図 19】ジョブとニーズの違い

でした。いきなり生活者がクルマやお菓子やマンガを欲しがっているわけです。

ニーズはあくまでもジョブが生じた結果……のはずが、そこらへんをスルーして、いきなり手段に対しての欲求が生じていることになってしまう。こうではないということを理解しないと、ジョブ～モーメントのワークがなかなかうまくいきません。

ニーズ＝手段を選んでもらう前に、**どんな欲求があるかを見立てるかが大事**です。そのためには、まずは**生活者の気持ちに自覚的にならなければならない**と思います。

スマホのホーム画面はジョブの集合体

ここまでジョブの考え方を説明してきましたが、「まだピンとこないな」と思われた人もいるかもしれません。それでは、ここで自分のスマホのホーム画面を見ていただけますでしょうか。

私は、スマホのホーム画面には、その人のジョブの洗練されたものが詰まっていると思います。

ジョブ（気持ち）と雇用されるモノやサービスの距離は近いほうがいい。ホーム画面、もっというとフッター（一番下の列）は、その人がよく持つジョブの化身ともいえます。

実際に、私もさまざまなプロジェクトで、生活者にスマホのホーム画面のキャプチャを提出してもらうアンケートをやっています。そうすると、「有名人や友だちの近況を知りたいのでInstagram」「リアルタイムで想いを発信したいからTwitter」「とにかく暇をつぶしたいのでマンガアプリ」「やり取りを自分が止めたくないのでLINE」など、アプリを選抜した理由から、その人がよく持つジョブが明らかになってきます。

もはや、**人生の優先度**と言えるかもしれません。

もっというと、ホーム画面自体「暇をつぶしたい」という大きなジョブに対して、雇われ待ちをしているアプリの集合体です。

アプリを選ぶとき、私たちはいきなりソーシャルメディアだけを比較するわけではなく、マンガアプリと、音楽サービスと、動画サービスとを比較して、そのときの気分に合ったものをタップする。電車での暇な移動中なら、そもそもスマホを見るのか、本を読むのか、うたた寝するのかから、悩むはずです。

カテゴリやジャンルといった考え方は溶けていますし、人の気持ちの前では、あらゆるものがフレネミーなのです。

ワーク①：マズローのピラミッドで段階別に考える

ここから先は、PJMメソッドにおけるジョブの探し方を説明していきます。

ブランド（商品・サービス、広義にはカテゴリや行動そのもの）に対するジョブを見つけるために、2つのフォーマットを使っていきます。

ひとつ目は有名な**「マズローの欲求5段階説」**を参考に、私が整理をしたものです。こ

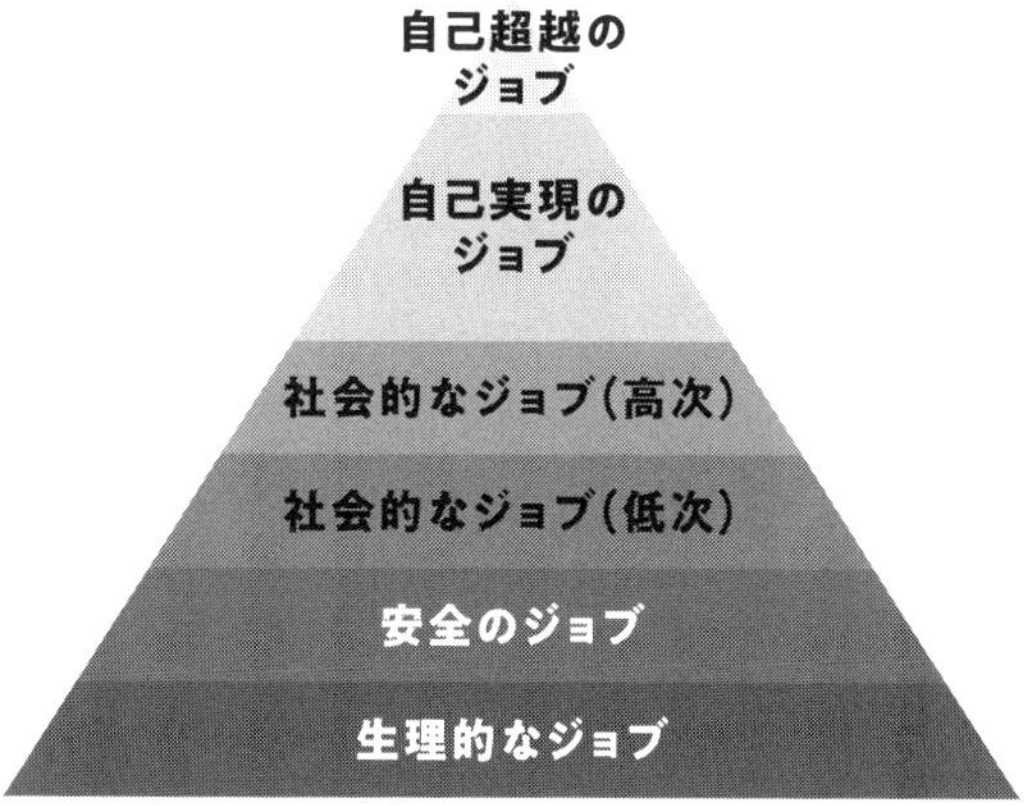

【図 20】 6段階の「ジョブピラミッド」

の段階整理が不十分であるという指摘があったり、6段階目が提唱されていたりしますが、いずれにせよ、ジョブ探索に活用するのは便利ですので、6段階それぞれにおいて商品・サービスやカテゴリを掛け算して、ジョブを探していきます。

まだ高精度である必要はありません。大喜利ですので、どんなものでも数を出してみることが重要です【図20】。

①生理的なジョブ：生きていくために必要な「本能的なジョブ」(寝たい・食べたいなど)

②安全のジョブ：安心・安全な生き方に必要な「守りのジョブ」(健康でいたい・経済的に安定したいなど)

③社会的な低次のジョブ：友人や組織などから受け入れられたいという「帰属のジョブ」（仲間がほしい・教えを受けたいなど）

④社会的な高次のジョブ：他者から尊敬され認められたいという「承認のジョブ」（認めてほしい・褒めてほしいなど）

⑤自己実現のジョブ：自らのパーパスを体現したいという「実現のジョブ」（能力を活かしたい・挑戦したい・成果を出したいなど）

⑥自己超越のジョブ：見返りを求めず善いことに没頭する「貢献のジョブ」（社会に貢献したい・役に立ちたいなど）

ワークショップなどでは、段階ごとに5分など時間を区切って、**「このブランド（カテゴリ）は、●●というジョブで選ばれることがある」**のフォーマットに沿って、短期間で一気に書き出します。

その後、出てきたジョブを整理しながら、「自分たちのブランドはどのあたりの階層で選ばれているのか」を議論することが多いです。さすがにありえないだろうというジョブを取り除いたら、標準的なジョブが出揃ったということです。

次は、強制発想法を用いながら、さらにジョブのバリエーションを増やしていきます。

ワーク②：大喜利として「数を出す」ために制約を作る

繰り返しますが、**ジョブ探索は、大喜利**です。だから、自由な発想で多く出してみることが重要です。

PJMメソッドでは、先程のワークの後は、以下の要素も組み合わせて、ジョブの数を増やしていきます。

「（ターゲット）は、（状況・文脈）において、（ジョブ）という理由でこのブランドを選んでいる」

思いつく限りのジョブをバーッと書き出しても、きっとすぐに詰まる。そうなったら、ターゲットを絞って、またジョブにアプローチしていきます。

ビジネスパーソンがコーヒーを選ぶ理由は？　子どもがコーヒーを選ぶ理由は？　など。もっと身近に考えると、自分の両親がコーヒーを選ぶ理由は？　自分のパートナーがコーヒーを選ぶ理由は？　ということです。

その作業の後は、今度は状況や文脈を展開していきます。

朝イチだったら？　運動後だったら？　眠いときだったら？　商談前だったら？　など

など。こうすることで、多くのジョブが出てきます。

注意点は、このアプローチを使ったからといって、**ターゲットやオケージョン固有のジョブだと決めつけないこと**。制約をつけて発想することで数を出す工夫をしていますが、出てきたジョブはいろいろなターゲットや場面で、汎用的なもののはずです。

最初に、マーケットとターゲットという概念を忘れる、と書きましたが、その代替となるのがジョブです。**ダイバーシティだけどユニバーサルなもの、多様だけど全員に当てはまるもの**を、たくさん見つけていきましょう。

今の時代、憧れられるカリスマ型のブランドよりも、**等身大で友だちのように接してくるパートナー型のブランドが共感される**と思います。

話が合う、ノリが合う、気が合う、自分たちの温度感や空気感を分かっている。「分かってるじゃん」と認められることが大事です。だからこそ、崇高な存在意義だけではなく、生活者の機微を捉えるジョブ発想も大事になるのです。

ワーク③：4つの穴埋めでジョブをリアルにする

マズローのピラミッドを活用したワークで出てくるジョブは、比較的顕在化されたものだと思います。ただし、**本来のジョブ=生活者の欲求は、言語化されていないものがほとんど**です。

そして私たち自身も、無意識に非言語領域には迫らずに、ロジカルにジョブを見つけてしまいがちです。

そこでさらなるワークとして、穴埋め作文を使って、よりゲーム性高く、ジョブを掘り出していきます。使うのはオリジナルの4つの穴埋めシートです【図21】。

このワークから、言及してこなかったタブーや、言われてみれば確かに！　というジョブが見つかることが理想です。

①「ぶっちゃけ●●」「言いにくいけど●●」

ジョブの過程で生活者にアンケートをすると「きれいなジョブ」が出てきます。

これはアンケートにはありがちなことで、例えば、ゴミを丁寧に分別している人や高い

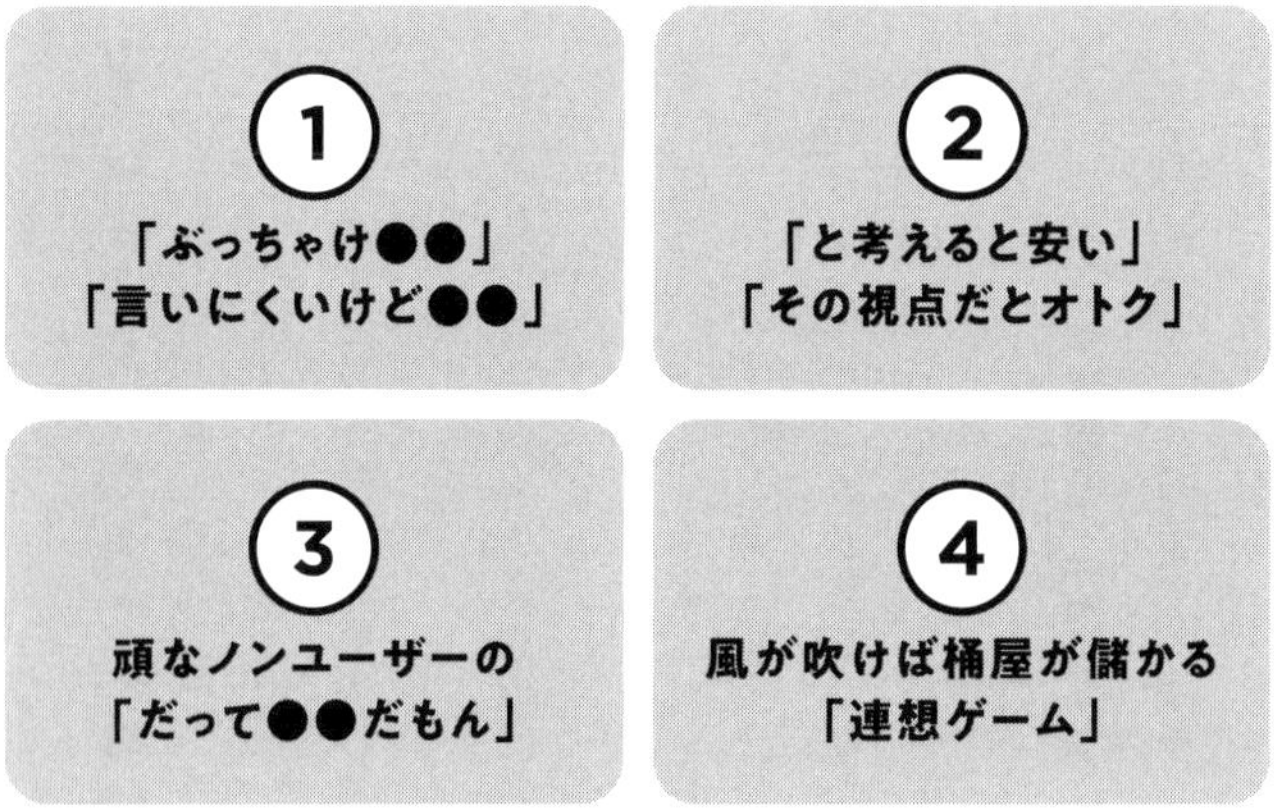

【図21】4つの「ジョブ深掘りシート」

健康意識を持っている人は、アンケート上は山のように出現します。みんな背伸びをしがちです（これもジョブです）。

ですので、リアルなジョブをつかみたいときは、腹を割って話せる友人や知人に突撃するのがオススメです。**ぶっちゃけどうなの？　言いにくいかもしれないけどどうなの？**　というのを聞いていくと、ポロッと「本音ジョブ」が出てきます。

例えば、「カウンターで食事をしたい」ということをポリシーにしている方がいらっしゃいました。ジョブを深掘りしていくと「かっこいいと思われたい」「落ち着いて食事をしたい」。

ただし深掘りを重ねていくと「対面だと口臭が気になる気がするから」というコメ

ントが出てきました。カウンターを選んでいる本当のジョブは「口が臭いと思われたくない」だったのです。こういった内容は、聞く側も話す側も、なかなか関係性がないと言えませんよね。これが、ぶっちゃけ穴埋めです。

②「と考えると安い」「その視点だとオトク」

発想の転換を無理矢理に迫ってみるのが、②の視点です。

特に自分たちのプロダクトやサービスに価格優位性がない（もしくはちょっと高い）場合は、この視点での深掘りはオススメです。

例えば、アイスクリームを担当していた場合、**「これ、どう考えたら安いですかね？」**と聞いてみるわけです。そうすると、「タピオカドリンク買うって考えたら安い」「タクシーで帰ることを考えれば安い」と言ったコメントが出てきます。

その比較に対して、そう考えた理由を深掘りしていくと、「ご自愛消費界隈では安いと言える」といった発見につながります。このアイスクリームが満たせるのは「自分を甘やかしたい」というジョブだったわけです。**私たちは無意識にこういった比較をして生きています。**

「ビール我慢したら好きな本が買えるかも」「ランチ代ちょっと我慢してタクシー使おう

かな」「美容院来月にしてヨガに行こうかな」「高いスーツだけど海外旅行よりは安いかな」。

一見すると突拍子もない比較ですが、これらはジョブの視点でつながっていることが多いです。強制的に比較という補助線を引くことも、リアルなジョブ探しには有効です。

③頑なノンユーザーの苦悩「だって●●だもん」

マーケティング上は理想のユーザーのはずなのに使ってくれない人、というのは必ず存在します。

私は**「足かせ型ジョブ」**と呼んでいますが、そんな人は必ず、何かネガティブなジョブが足を引っ張って、購入や使用を抑制しているケースが多いです。どうなったら使ってくれそうか、なんで使ってくれないのかを、製品やサービスの機能以外のところで聞いていくのも有効です。

例えば、あるアパレルブランドの非購入者のヒアリングをやっている際に出てきた声は「店員に話しかけられたくない」という声。

さらに深掘りすると「ファッション音痴だと思われたくない」というジョブがありました。話したくないのではなく、**無知な人だと呆れられる（バカにされる）ことや、売り込まれることが怖かった**わけです。

そこで、施策アイデアとして「話しかけられない時間帯がある店舗」というものを提示してみたら、「それなら行ってみたい！　買いたいものはあるから！」と。「バレたくない」「からかわれたくない」「笑われたくない」「おかしいと思われたくない」「時代遅れだと思われたくない」「怖い」――。こんなジョブが自分たちの足かせになっていないか、きちんとチェックをすることも重要です。

④風が吹けば桶屋が儲かる式「連想ゲーム」

時代や環境の変化による思わぬ影響でジョブが浮かび上がることがあります。例えば、スマホ。自分たちのブランドは、スマホによる影響を、全く受けてないでしょうか。またはコロナ。自分たちのブランドは、コロナによる影響を、全く受けてないでしょうか。

ここでの影響とは、マーケティング手法の影響（例えば「ECサイトで販売するようになった」）ではなく、**行動様式・価値観**のことです。

スマホが登場する前は、お箸でスナックを食べる人は、変人だと思われていたわけです。ただし、メッセージアプリでコミュニケーションが高速化した結果「友だちとつながり続けたい」というジョブが高まりました。結果、スナック用お箸のような専用商品もヒットしたわけです。

また、スマホ（モバイルスクリーン）で音楽を聞くことが当たり前になった結果、楽曲タイトルはスマホで表示できるように短くなり、サブスクリプションサービスが台頭した結果、アーティストにとっては再生完了回数が大事になるので、楽曲の秒数は短くなったそうです。

といったように、ブランドの使われ方や見られ方も、メガトレンドの影響は必ず受けている。**スマホをみんな持つとどうなるの？　という連想ゲームをしていくことで、意外なジョブを見つける**ことができます。

ちなみにひとつだけオマケを。真っ向勝負でジョブを考えるのに疲れた際には、私は**「歌詞」からジョブを探す**こともあります。

大ヒット曲は、アーティストパワーやメロディももちろんですが、歌詞の共感性が高い。そして、**歌詞の共感は、ジョブ的な切り口から生まれていることも多い**のです。ですので、歌詞を読み解いていくと、意外なジョブが見つかることもある。例えば恋愛の歌や青春の歌など、ジャンル別に名曲を読み解いていく作業は、意外と盛り上がります。私もこれまで、何度も歌詞の力に救われています。

このように、強制発想を活用した穴埋め作文をフォーマットに、さまざまな角度からジョブを洗い出します。

ステップ1とはまた異なる、エッジーなジョブが出てくるはずです。その中から、**「うちのブランドって、実はこういう欲求も満たせるのかもしれない」**という意外な購買理由やチャンスになりそうなものを探しましょう。

ワーク④：意外な「フレネミー」を発見する

ふたつのフレームワークでジョブを洗い出したら、最後のステップであるフレネミー探しに移ります。

ジョブは、スペックだけで競うのではなく、「生活者にとっての存在価値」で選ばれる闘いです。**限られた「可処分●●（時間・支出・精神など）」を、自分たちのブランドに投じてもらう必要がある**わけです。

だから、競合という概念がグッと拡がる。ここでの拡がりとは、

①カテゴリという制約がなくなる
②必ずしも競う必要がなくなる

という2つです。つまり、**デジタル時代の「カテゴリの境界の消失」と「多様性」を象徴する概念が、フレネミー**なわけです。

例えば、先程も事例で出した美容院のケース。これは私が行っていたサロンの話ですが、今の最大のフレネミーは「加工アプリ」と「ファッションウィッグ」だそうです。

もともとサロンが満たしているジョブは、「髪を切りたい」といった機能的なものもさることながら、情緒的な「気分転換したい／イメチェンしたい」というもの。その視点で見ると、加工アプリとファッションウィッグに脅かされているわけです。

ティーンは、加工アプリで髪の色を変え、目の色を変え、メイクを乗せ、といったことを当たり前のようにやっている。そうすると、わざわざ、自分を変える必要がなくなるわけです。サロンに行くのは、本当に髪が伸びたときだけでよくなってしまう。

ファッションウィッグも同じです。わざわざ髪を傷めて金髪にせずとも、ウィッグを被れば求めている見た目になれてしまう。近い将来に、サロンは、たとえるなら病院のような外出先になってしまう可能性があるわけです。

今、そのサロンは、ファッションウィッグの製造・販売を始めています。不可逆的に変化が起こるなら、早めにフレネミーを囲い込んでおこう、というわけです。

近くの競合サロンばかりを考えていたら、こういった発想ではなく、「カットとカラーをセットで●●円にしよう」「クーポンでトライアルを最大化しよう」といった施策になっていた可能性もありますが、**ジョブは今までとこれからの「ソース・オブ・ビジネス」（収益源）を見極めるためにある**。だからこそ、フレネミーもセットで考えるわけです。

以前、新日本プロレスの棚橋弘至さんと対談したのですが、彼はプロレスのフレネミーについてこう話していました。

「（プロレスのフレネミーは）『遊園地』ですね。レストランでご飯を食べていても、それぞれがスマホを触ってしまう時代の中で、プロレスは『家族というコミュニティ全員で楽しめる数少ないコンテンツ』だと思っているんです」

棚橋さんは、プロレスで満たせるジョブを「家族全員で楽しみたい」と考えていることが分かります。その括りで考えれば、プロレスと遊園地と、ファミレスなども同じ。そう考えるとまた、取るべき打ち手や、作るべき体験は変わってきます。

このように、洗い出したジョブに対して、それぞれフレネミーを検討していく。このときに、フレネミーが思いつかないジョブは「机上のジョブ」である可能性が高いので、見直しましょう。

また、勝ち目のないフレネミーを設定して勝手に挑むのも本質的ではありません。例えば、「冷えたい」というジョブを満たしているアイスのフレネミーは「地球温暖化」である、とするのは筋が通っているのですが、マーケティングではコントロールできません。あくまで現実的な範囲での設定が大事です。

また、**フレネミーは、先程のサロンとファッションウィッグのケースのように、未来視点も重要**になります。現在の状態だけでなく、**「こんな理由で選ばれていく」「こんなカテゴリーが台頭してくる」など、未来の変化を見据えたフレネミーの洗い出し**にもトライしましょう【図22】。

フレネミーには、大きく分けて、3つの向き合い方があります【図23】。

①エネミー型

これまでの競争型発想に最も近い考え方です。カテゴリの垣根は飛び越えますが、何らかの**優位性を設定して気づきを作り、シェア奪取を狙うようなアプローチ**です。例えばプ

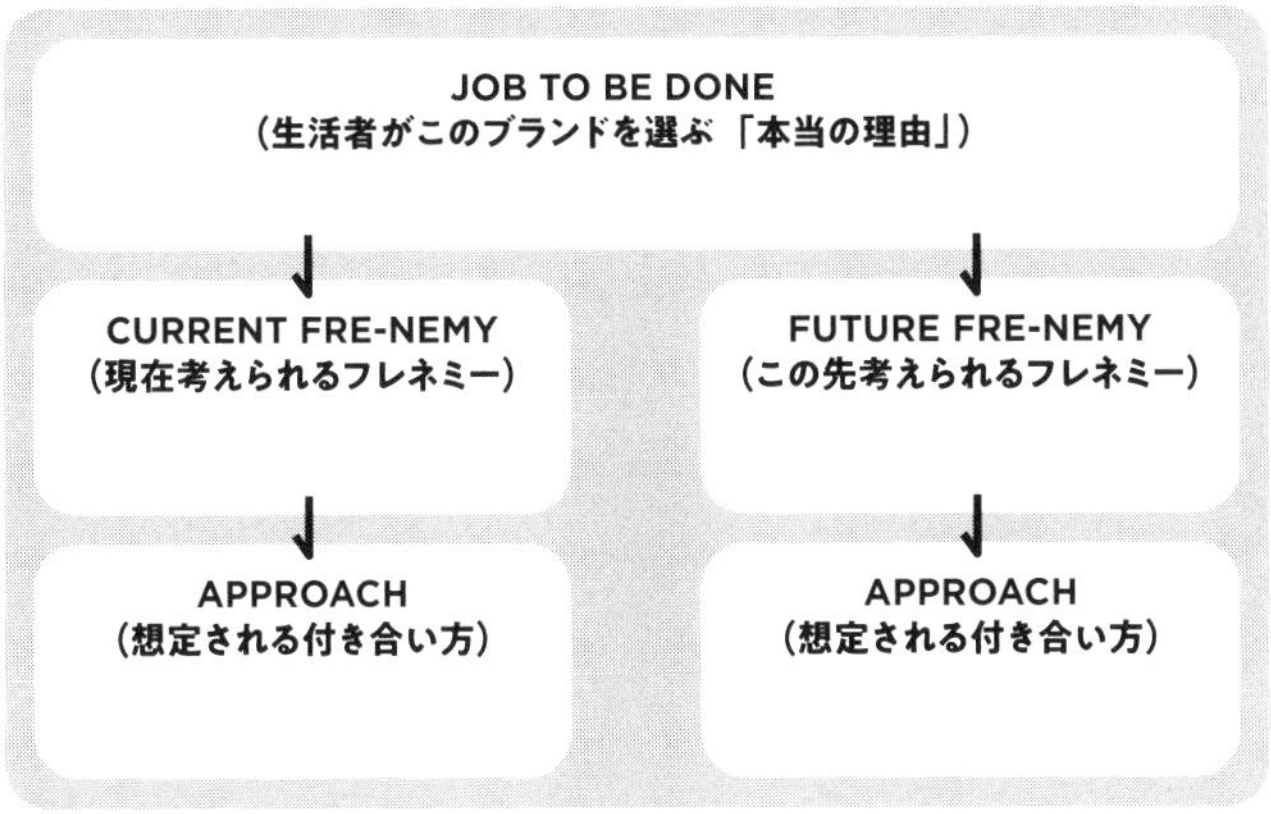

【図 22】ジョブ／フレネミーの整理シート

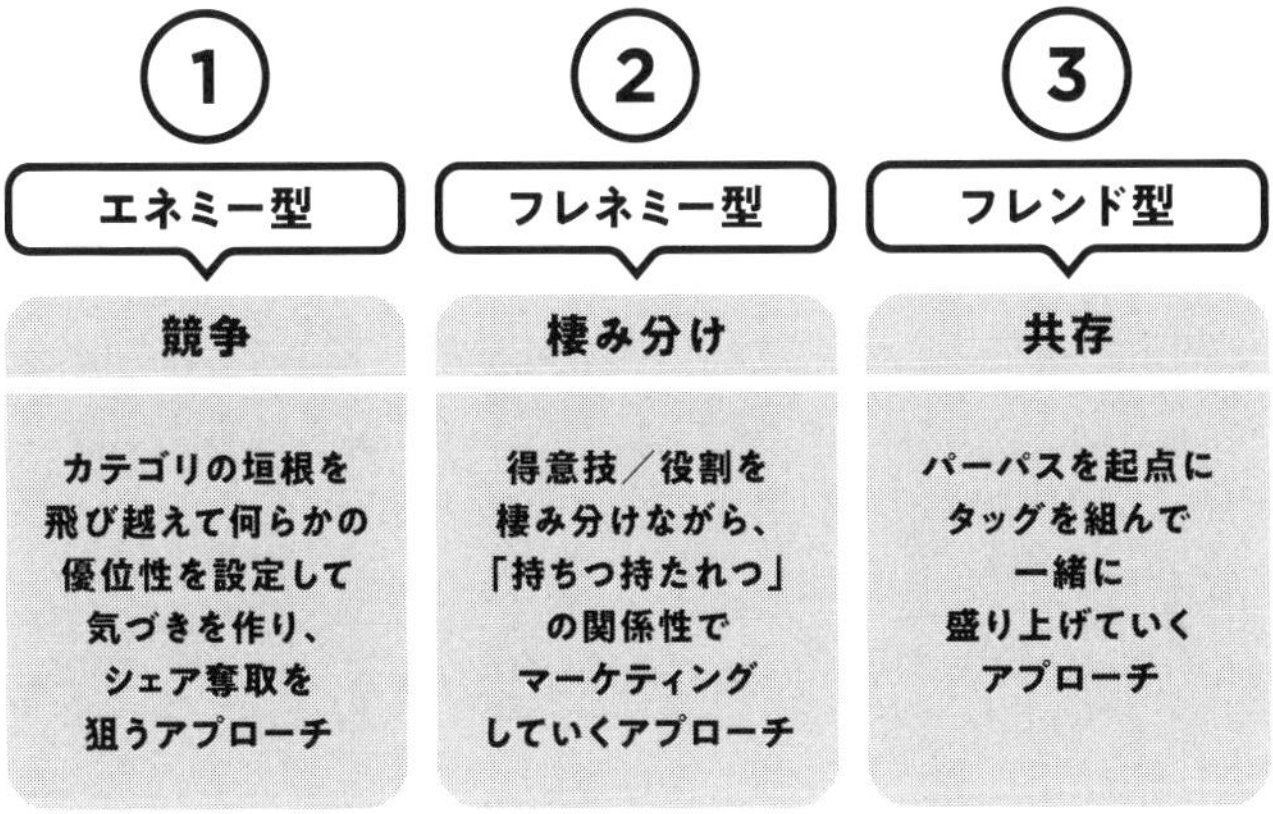

【図 23】フレネミーとの3つの向き合い方

ロレスの場合、アミューズメントパークよりも「コスパがいい」ということを訴求するようなイメージです。

②フレネミー型

うまく役割を棲み分けながら、**「持ちつ持たれつ」の関係性でマーケティングしていく**ようなパターンです。プロレスの場合、「観戦中に騒いでもOKなプロレス、じっくり鑑賞の映画館」といった対比を作っていくイメージです。自分たちの得意領域を明示しつつ、あわよくば映画からもシェアを取っていける戦法です。

③フレンド型

共存共栄で同じジョブを盛り上げていこう、という考え方です。例えば、「プロレスを鑑賞してファミレスで豪華ディナー」というパッケージを発売するのはどうでしょうか。**タッグを組んで盛り上げていくアプローチ**で、この取り組みこそ、パーパスが大事になります。

この作業を終えると、「ジョブ」と「フレネミー」、そしてフレネミーへの向き合い方が整理された状態になります。最後は、これらを整理・精緻化して、ジョブのパートの作業は完了です。

ジョブは「4象限型」か「ジャーニー型」で整理する

今、手元にはブランドの新たな可能性を示すジョブが揃っていると思います。とはいえ、思いつき100連発にならないように、このパートでは整理・取捨選択のアプローチについて説明をします。

洗い出してきたジョブは、「4象限型」「ジャーニー型」のどちらかで整理をすることが多いです。

4象限型

縦軸と横軸を設定して、それぞれのジョブを分類・マッピングしていく方法です。

例えば、**「ポジティブ⇕ネガティブ」**と**「機能的⇕情緒的」**など。そこまで悩まずに購入されるFMCG（日用消費財：飲料・食品・化粧品など短期間で消費される製品のことでFast Moving Consumer Goodsの略）は、この整理が使いやすいです。

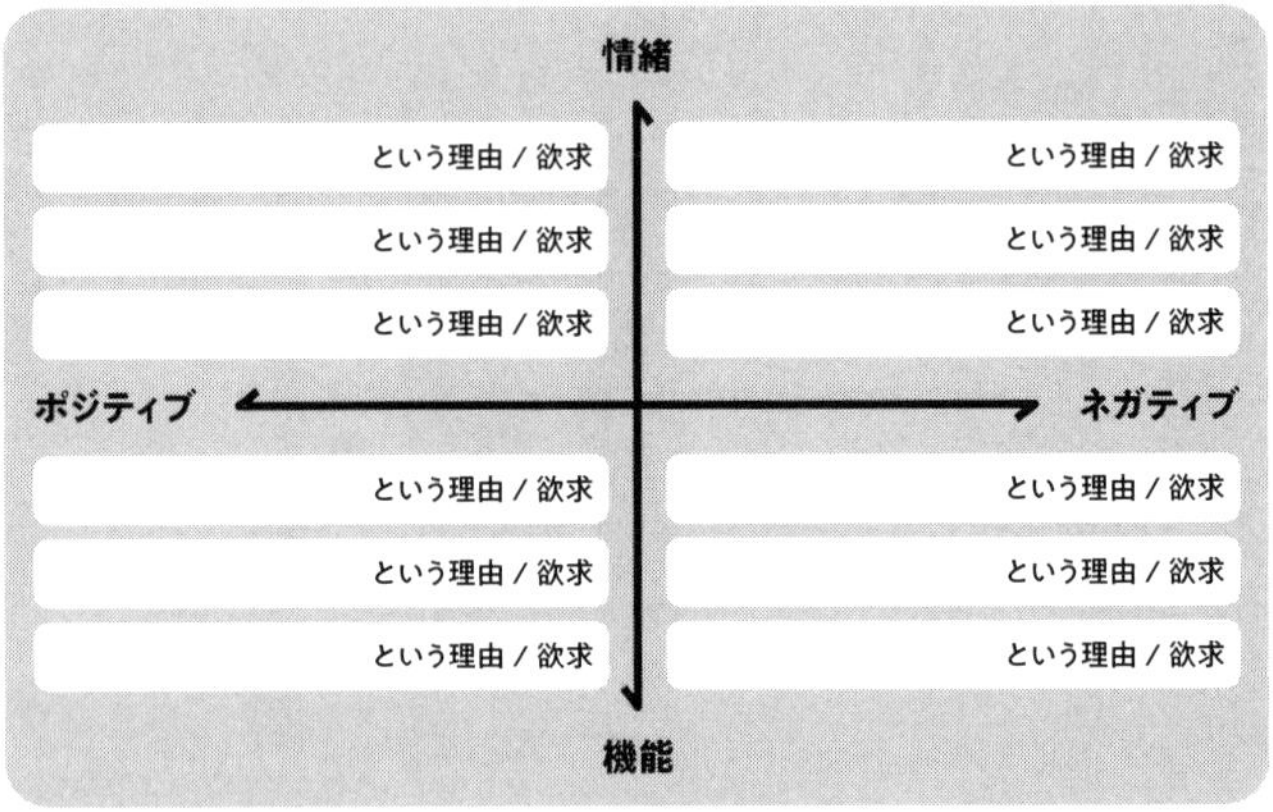

【図 24】 4象限型マップ

その他「トライアル向け⇕リピート向け」「メジャー⇕ユニーク」「モチベーションを作る⇕ハードルを下げる」などの軸を使うことも多いです。

いずれにせよ、整理しやすい軸を作ってマッピングすることが大切です【図24】。もしくは、この段階で6段階のピラミッドに整理してみるのも手です。セグメントごとの数にばらつきがあっても、それは得意／不得意ということなので、あまり気にする必要はありません。

✔ジャーニー型

購入検討のフェーズや保有期間が長い商材（例えば住宅やクルマ）に向いている整理です。初期（出会い）はこういうジョブ

【図 25】ジャーニー型マップ

がある、中期（興味期）はこういうジョブがある、後半（検討期）はこういうジョブがある、といったように、**時系列や生活者のステータス別にジョブを分類**していきます【図25】。

例えば、ＣＲＭにおける「シュリンプモデル」のようなフェーズ整理（認知↓興味・共感↓検討↓購入↓継続↓ファン化↓共有↓再購入）も便利でしょう。自社で管理しているジャーニーマップがあれば、それに即して整理する方法もあります。

ジャーニーで分類した上で、各フェーズの中で軸を切って整理をするケースもあります。難易度は高いですが、完成度は上がります。どんなジョブとフレネミーを狙っていくのか。このマップが、中期的なマーケティングの基盤となっていきます。

個人的には、いいと思えたジョブはなるべく多く残しておくことがオススメではありますが、この段階で数を絞り込む場合は、質の視点と量の視点で選抜をすることが多いです。

✔質の視点

ＰＪＭメソッドの場合は、パーパスとどの程度親和性があるか、という視点です。

例えば「感動を増やす」というパーパスに対して、「無心になりたい」というジョブは、ちょっとミスマッチかもしれません。もちろん、パーパスとジョブは切り分けて考えてきたわけですが、アクションを実践する上では、最低限の**一貫性は重要**になります。

✔量の視点

それぞれのジョブを持っている生活者がどの程度存在するのか、という定量的な裏付けです。

定量調査を実施して反応率からボリュームを推計することもありますし、クイックに検証ができる体制が整っていたら、デジタルマーケティングのCTRなどで比較をすることもあります。大喜利的に拡散させている分、数字を用いて確からしさを担保することも重要になります。

以上を踏まえて、精緻化されたジョブが手元に整理されたら、このフェーズの作業は完了です。ブランドの志であるパーパスと、生活者の欲求であるジョブ、新しいソースオブビジネスであるフレネミーが揃いました。

Part 3 J：ジョブを見抜くのまとめ

✔ J＝ジョブは、生活者がブランドにお金や時間や気持ちを投資してくれる「本当の理由」であり、そのブランドで生活者が満たしたい「本当の欲求」のこと。ニーズが「打ち手の想起」だとしたら、ジョブは「気持ちの想起」。

✔ まずは、マズローのピラミッドに沿って、生理的／安全／帰属／承認／自己実現／自己超越のジョブを探す。具体的なターゲットやオケージョンごとにも考える。

✔ その後、４つの穴埋め（ぶっちゃけ／発想の転換／足かせ／風が吹けば桶屋が儲かる）で、「実はこういうジョブも満たせるはず」というリアルな可能性を探す。

✔ 洗い出したジョブに対して、フレネミー（パートナーにも競争相手にもなる新しい〝競合〟）を検討していく。今の理由だけでなく、将来はこうなるという洞察も重要（サロンと加工アプリの例）。

✓ 最終的に、ジョブは「4象限型」（マッピング）か「ジャーニー型」で整理する。その際、パーパスとの親和性や市場調査を通じたボリュームで取捨選択をすることもある。

プチ・エクササイズ

Q. あなたのブランドを3年後に成長させる最大のフレネミーは何だろうか？　それはどんなジョブが起点になっているのだろうか？

Part

4

M:モーメントを絞る

「モーメント」はブランドにとって最高の瞬間

「ジョブ」と「フレネミー」を見つけることができたら、最後は「モーメント」を探すワークです。

モーメントは「生活者」の解像度を上げるフェーズで、生活者発想の醍醐味とも言えます。また、パーパス・ジョブよりは一般用語だと思いますので、この3つの中では一番知られているのではないかと思います。

ビッグデータが明らかにする兆しももちろんあると思いますが、**n＝1から得られる兆しもまた魅力的**です。

これまでのマーケティングでは、生活者とは、各種リサーチを通じて、つまりある意味で〝お行儀のよい関係〟の中で向き合ってきましたが、ソーシャルメディアがその制約を解放しました。私たちは、生々しいユーザーボイスに、なんと無料で！　アクセスすることができるようになったわけです。

ブランドの志であるパーパスへの共感や、生活者のジョブが最も具体化する瞬間、つま

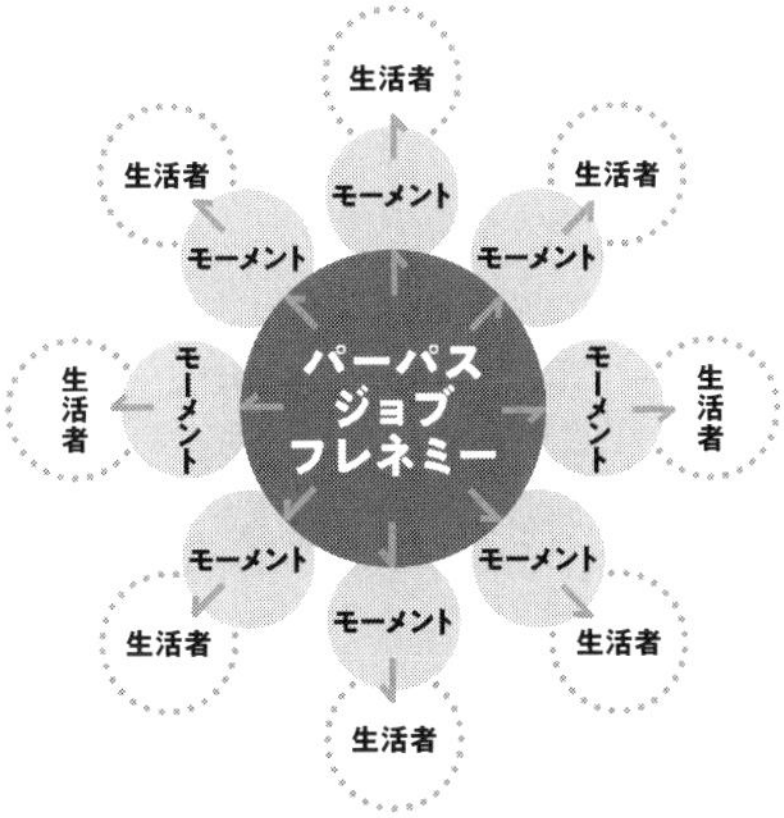

【図 26】パーパス／ジョブとモーメントの関係性

り**ブランドと生活者が握手できる瞬間**、それが「M＝モーメント」です。

生活者とブランドがいちばん重なり合える、ブランドの視点に立てば、**自分たちが最も魅力的に見える場面、選んでもらえそうな場面がモーメント**である、と言ってもいいでしょう。ですので、ジョブの延長にあり、パーパスを実感できる瞬間でもあり、いずれにせよ、ブランドと生活者との接点になっていきます。

ジョブは「大喜利」でしたが、モーメントは**「あるある」**です。

「このブランドってこういう瞬間にあると最高じゃない？」というリアルなシーンを具体化していくプロセスがモーメント探索。ですので、パーパスや、それぞれのジョブ

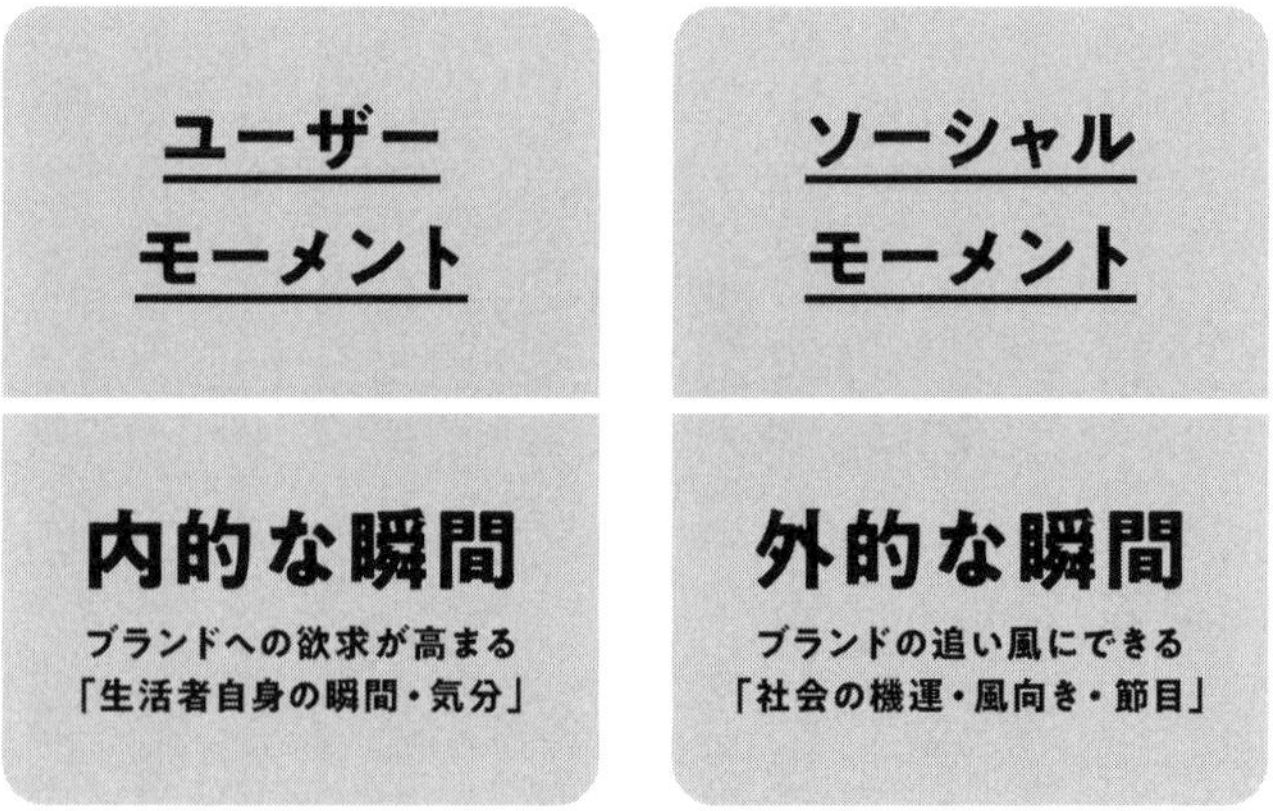
ユーザーモーメント
内的な瞬間
ブランドへの欲求が高まる「生活者自身の瞬間・気分」
ソーシャルモーメント
外的な瞬間
ブランドの追い風にできる「社会の機運・風向き・節目」

【図 27】ユーザーモーメントとソーシャルモーメント

に対して、いくつものモーメントがあることになります【図26】。

例えば、先程美容院のケースで出てきた「気分転換したい／イメチェンしたい」というジョブであれば、「新年度が始まったとき」「月曜日」「振られたとき」「同窓会の前に気合いを入れたいとき」「給料日」など、具体的なモーメントがいくつもある、という構造です。

モーメントには、**「ユーザー・モーメント」（内的）**と**「ソーシャル・モーメント」（外的）**があります【図27】。

✔ユーザー・モーメント

生活者自身の欲求・気分が急激に高まる瞬間。内的なモチベーションとして生じるもの。先程の例だと、「振られたとき」「同窓会の前に気合いを入れたいとき」がそれに当たります。

✔ソーシャル・モーメント

社会の機運や風向き、節目（記念日など）のことです。

分かりやすくいえばカレンダーであり、トレンドです。先程の例だと、「新年度が始まったとき」「月曜日」「給料日」がそれに当たります。

概念から具体へ。モーメントは手触りのある、言い換えれば、私たちの日常にも普通にある「瞬間」のことです。生活者を捉え直すフェーズだからこそ、あるある！ という感覚が大事なわけです。

✔ソーシャルメディアはモーメントの宝庫

PJMメソッドにおいて、モーメントを見つける際に役に立つのが「ソーシャルメディア」です。

ユーザーリサーチといえば、時間をかけて定量調査／定性調査をすることが多かったですが、**「生活者の本音」は今、ソーシャルメディアに集まって**います。

ソーシャルメディアに、ブランドを飛躍させるヒントが眠っているのです。

具体的には、Twitterからツイート（文字）を、Instagramからビジュアル（画像）を探すことが多いです。それ以外にも、Google検索やウェブメディア／ブログサービスでの検索、アプリストアでの検索、レビューサイトの検索などをすることもあります。

もちろん、ソーシャルメディアの特性上、「インターネットが使える人」が前提になりますし、個別サービスの利用者であり投稿者（Twitterであればツイートもする人）が対象になるため、データにバイアスが生じることは理解しておく必要があります。

調査やアンケートが「書くぞ！」という気持ちの人が書いているものに対して、**SNSの投稿は、相対的に身内に向けられたもの＝フラットである確率が高いので、リアリティがある**のです。

だから、飾らずに投稿している「なるほど！」「確かに！」という〝**あるある**〟や、「そんなバカな！」「え、マジで?」という〝**新しい兆し**〟がたくさんあります。

もちろん、額面通り受け取らずに解釈をすることは必要になりますが、データとしてインスピレーションにあふれていますし、時代や価値観の変化を踏まえて常にアップデートされていくのもポイントです。

私は、普段の業務の中で、コンテンツの企画やキャンペーンなどのアイデアを持ち寄って、チームでブレストをすることもあります。そうしたときも、このモーメント探索のアプローチは取り込んで、みんなで兆しを共有し合います。

発想力が大事なクリエイターであれ、ひとりで唸ってアイデアや戦略を考えるだけではなく、**集合知を組み合わせていく能力も大事**なのだと実感する日々です（……さすがジェームス・ヤングです）。

ワーク①：モーメントと出会う10の検索ワード

ここからは、実際にどのようにモーメントを見つけるのかについて、アプローチを紹介していきます。その前に、PCでもスマホでもいいので、各種サービスにアクセスできる状態にしておいてください。

まずは、これまでのパーパス・ジョブのワークを振り返りながら、検索用のキーワードを作ります。このキーワードをさまざまなサービスに投げ込んで、モーメントの海にダイブしていきます。

PJMメソッドでは左に記載している「10の検索ワード」を設定して進めていきます。もちろん、それ以外のどんなキーワードで検索してもOKです。

①カテゴリ名
②ブランド名
③直接競合しているブランド名
④パーパスのキーワード
⑤機能的なジョブのキーワード
⑥⑤の代表的なフレネミー
⑦⑤の代表的なオケージョン
⑧情緒・社会的なジョブのキーワード
⑨⑧の代表的なフレネミー
⑩⑧の代表的なオケージョン

ここで注意したいのは、キーワードの重要性。要は、Twitterであれば、ツイートされる言葉で検索しないと、ヒットすらしないわけです。

例えば、⑤で「疲労をケアしたい」というジョブがあったとします。それを「疲れ　癒やし」で検索するのか、「クタクタ」で検索するのか、「疲労　マックス」で検索するのか、そのあたりはトライアンドエラーが必要です。

キーワードに自信がない場合は、無料で使えるオンラインの「類義語辞典」で、類語を探して言い換えてみるといいと思います。あとは、まずは自分が考えたもので検索をしてみて、同じ文脈で使われている「口語」を見つけて、更新していくという方法もあります。

いずれにせよ、このキーワードの筋のよさで100倍くらいヒットする量が変わりますので、表現探しは試行錯誤してみることが大事です。

ちなみに、Instagramの場合はハッシュタグを入れると投稿件数も同時に表示されるので、多いものを優先して見ていくこともできます。

キーワードをある程度洗練させることができたら、早速モーメント探索スタートです。ひとつのキーワードあたり10分など時間を切って、もしくはチームメンバーで分担をして、とにかく気になる素材（●●な瞬間と言えそうなもの）を収集していきます。

また、収集の際に、**「●●系」など仕分けをしておくと、その後の作業が早くなります。**

まずはザーッと集めてみましょう。

モーメント探しの「三種の神器」

どこにどんなモーメントが潜んでいるか分からないのが、広大なデジタルの海。そこで、以下に代表的なプラットフォームやサービスごとのヒントやコツのようなものを記載しておきます。

①Twitter（ツイッター）

検索キーワード＝実際のツイート文章（の一部）というイメージです。

その単語が使われている「文脈」を読み解いて、モーメントにまとめていくことが大事です。プラットフォームの中でも、かなり**リアルな生活者の声が集まっています**。また、検索コマンドを使うと、例えば、多数リツイートされているツイートだけに絞って見ることもできるので、慣れてきたらそういったやり方もオススメです。

ソーシャルリスニングの専門ツールもありますが、公式アプリからの検索でも十分にいろいろなツイートと出会えます。あまりハッシュタグ文化ではないので、ハッシュタグよりは普通の言葉で検索するのがオススメです。

②Instagram（インスタグラム）

こちらは、検索キーワード＝ハッシュタグというイメージです。

例えば「#リフレッシュ」というタグでは、どんな画像とどんなキャプション（投稿文）が特徴的でしょうか。他にはどんなハッシュタグが一緒に使われているでしょうか。状況を読み解いていくと、●●な瞬間を見つけることができます。

そして、Instagramは、ビジュアルファーストのソーシャルメディアですので、**グローバル規模でのモーメント探索**にもオススメです。

例えば「#アイスクリーム」というハッシュタグ。日本語だけでなく、英語・中国語・イタリア語など、さまざまな言語で検索してみるわけです（ハッシュタグ自体は翻訳サービスにかければすぐに変換できます）。

そうすると、実は、中国ではこんなシーンでよくアイスが出てくる、とか、イタリアではこういう瞬間の投稿が多い、とかが分かるわけです。幸いビジュアルなので感覚的に理解できる。そういう風に使えそうな**モーメントを「輸入する」ようなリサーチ**もオススメです。

③アプリストア

意外と知られていないのが、アプリストアでのモーメント検索です。

設定したキーワードで検索して、高評価のアプリを実際に使ってみたり、レビューを読み込んでみたりします。そうすることで、人がリフレッシュに求めているものや、何を評価しているのかを理解できます。

既に設計された体験からモーメントを推測していく。ちょっと高度ですが、このアプローチはＥＣサイトの口コミなどにも応用できます。リフレッシュの人気アプリは、意外と単純作業を繰り返すようなアプリで、そこから普段のリフレッシュって頭を空っぽにするってことなのかな？　つまり、無心になりたいプチ休憩というモーメント？　などと、考えを展開させることができます。

基本的にはこの３つで十分だと思いますが、もっと出会う情報を増やしたい場合は、ウェブメディアの記事を検索したり、ブログサービスのコンテンツを検索したりすることもあります。

ただし、長文になると読み解きにも時間がかかると思いますので、まずは①〜③をやりこんでみるのがオススメです。難しそうと思うかもしれませんが、パーパスやジョブよりは「見つける→絞る」といった作業がメインなので、ツールの使い方さえ習得すれば、ちょっとした時間にもサクサクと進めていくことができます。

私は、メガサイズのジョブ（例えばリフレッシュやリラックスしたい）については定期的に検索して、頻出するモーメントや新しいモーメントをストックするようにしています。

ワーク②：「２ｎｄクエリ」でモーメントをリアルにする

一通り検索し終わったら、ジョブと同じように制約をかけて、再度検索をします。ポジティブな感情、ネガティブな感情がより高まったモーメントを探すために取り組むのが**「２ｎｄクエリを活用した探索」**です。

２ｎｄクエリは、**先程のキーワードと一緒に検索する言葉**のこと。私たちの日常会話で、何かを褒めたり、グチを言ったりする瞬間を思い出してみてください。「●●ほんと最高だったよ」「●●がマジでヤバかった」みたいな言い方をするのではないでしょうか。

そこで、２回目は、そういった**生の感情が宿ったキーワードを掛け算して検索**してみるわけです。例えば、以下のようなイメージです。

○最高／最低
○好き／嫌い
○神（対応）／塩（対応）
○想像以上／期待外れ
○エグい／ヤバい
○震えた／ビビった
○笑った／泣いた
○惚れた／引いた
○すごい／ウザい
○あり得ない

要するに、**「ブランド名＋感情ワード」での検索**です。これを、自分たちのブランド、競合ブランド、フレネミーなどでやってみると、よりリアルな内容が多数出てきます。生活者の**喜怒哀楽が極端に上下に振れていることを示すワードを選ぶ**ことがポイントです。

また、今っぽいワードを使うことも大事です。

この作業をすると「こんな風に愛されている」「こんな風に期待を裏切っている」といったことが分かり、よりリアルなヒントを得ることができるのです。私は、もっぱらこちらのモーメント探索に時間を掛けることが多いです。

このようにモーメントを探していると必ず出るのが、「代表性」や「ボリューム」の議論です。「確かに面白いけど、これ、日本中でこの人だけなんじゃないの?」といった指摘のことです。

これについては、先程のバイアスの話の通り、ヒントを探しているだけで、市場ボリュームを算出するためのワークではないので、まだあまり気にする必要はありません。必要あれば、ジョブと同様に、市場規模を算出する調査を実施することもできます。

一方で、モーメントは〝あるある〟と言いましたが、**誰も共感すらできないものは、変なもの**である可能性も高い。共感性が高いものは残しつつ、ありえないものは外すという取捨選択が大事になります。

モーメントはキャッチーに仕上げる

以上のフローでモーメントを収集すると、あっという間に200～300個の「モーメントの素」が集まります。

ここからはこれを精緻化・体系化していく作業です。最後は、モーメントの素を複数組み合わせ、**強い“あるある”に仕上げていくことが重要**です。

例えば、「モテたい」というジョブが具体化しているモーメント探索をして、以下の3つの素材があったとします。

○「モテたいなあ……もっとチヤホヤされてもいいのに」というツイート
○「#孤独の極み」というハッシュタグと缶ビールの写真
○「モテる人は友人からも支持されている」というブログ

この3つのいいとこ取りをして、モーメントを仕上げていきます。今回の場合のポイントは、モテるとは承認欲求である・モテの対極は孤独・モテるは異性に限らない概念、と

いったあたりでしょうか。それらを踏まえて、

〇「咳をしても一人」モーメント（友人からも構ってもらえず孤独感がピークな瞬間）

という形でまとめてみました。こうすれば、さまざまなシーンを包括することができそうです。

このように、モーメントは**「●●モーメント」「●●な瞬間」「●●欲」など、分かりやすくネーミングすることが重要で、同じフォーマットで記述してあることが望ましい**です。

この作業を繰り返していくと、みんなが深く共感できる強くて太いモーメントが残っていきます。最終的には**「ユーザー／ソーシャル」と「ポジティブ／ネガティブ」の2軸をかけ合わせて、4つのセグメントに整理する**ことが多いです【図28】。数はブランド次第ですが、今までのケースを振り返ると15〜40個くらいが一般的な感じがします。

ただ、多いことが大事なわけではなく、**視点が網羅されていることが大事**なので、数をベンチマークする必要はあまりないと思います。また、パーパスやジョブ以上に、日々更新されていく、増えていくものだと認識をしておくことも大切です。

これでようやく、パーパスから始まって、ジョブとフレネミー、モーメントと、ブランド・競合・生活者の3つの視点のワークが完成したことになります。

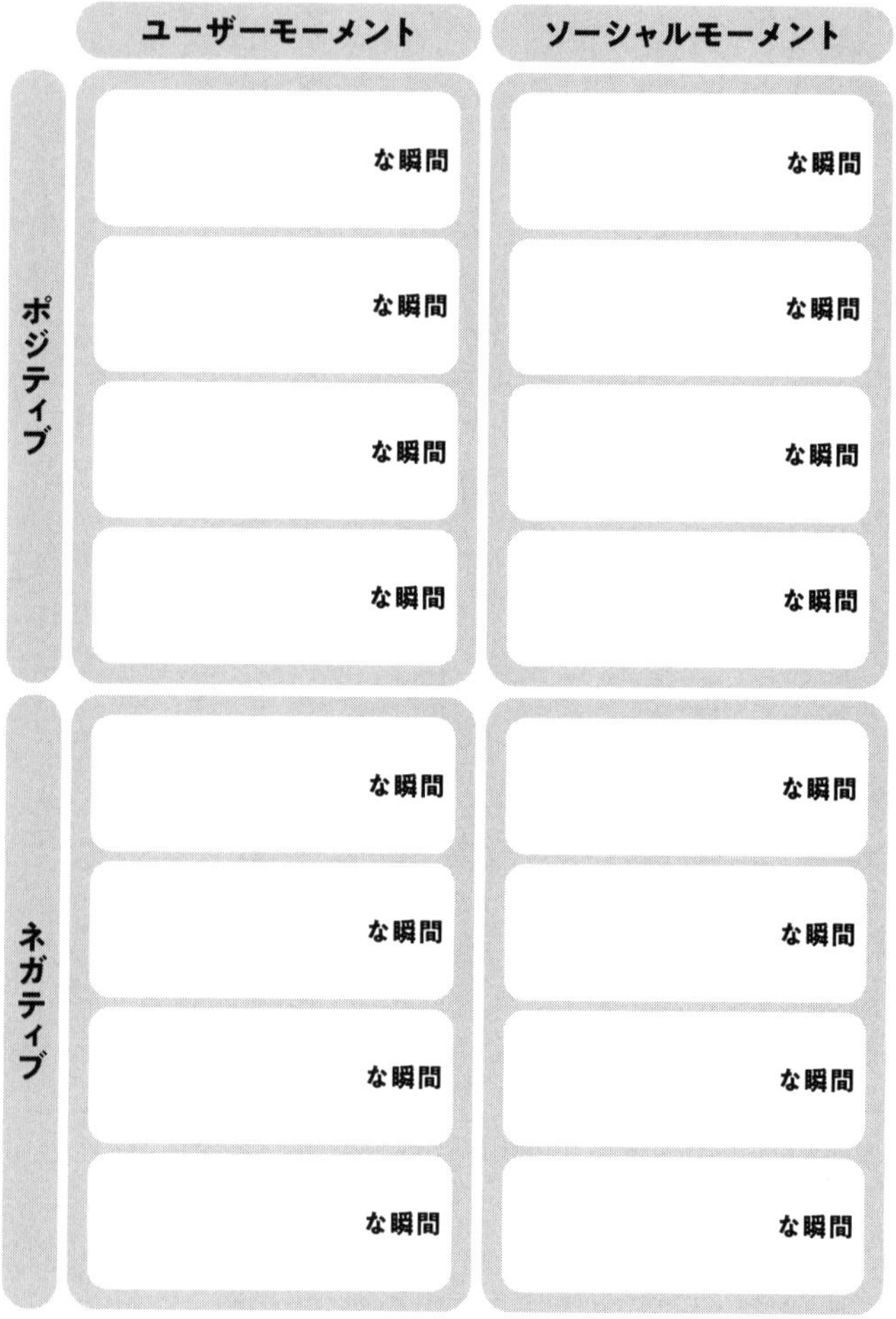

【図28】モーメントの整理マップ

Part 4

M：モーメントを絞るのまとめ

✔ M＝モーメントは、ブランドが最も魅力的に見える場面、生活者に選んでもらえる場面で、パーパスやジョブが具体化している〝あるある〟な瞬間。生活者との接着面。

✔ モーメントには、ユーザーの気分や想いを示す内的な「ユーザーモーメント（感情）」と、記念日や習慣、世論などを示す外的な「ソーシャルモーメント（環境）」がある。

✔ モーメントの探索では、PとJのワークからキーワードを決めて、Twitterや Instagramなどのソーシャルメディアを活用する。

✔「最高／最低」「好き／嫌い」など、生活者の喜怒哀楽が極端に上と下に振れている2ndクエリと検索をすることで、よりリアルなモーメントが見つかる。

✔モーメントは複数を組み合わせて強くした上で、分かりやすく言い切ることが重要。マップ化をして管理すると分かりやすくなる。また、日々増えていくものだと認識しておく。

プチ・エクササイズ

Q.

あなたのブランドがソーシャルメディアで最も褒められている／批判されている瞬間はいつだろうか？　それはなぜだろうか？

Part 5

UX：理想の顧客体験を描く

「PJMの第2ラウンド」で最終仕上げ

パーパス、ジョブ、モーメントのワークが終わったので、いよいよ、これらの視点を組み合わせて「UX（どんな顧客体験を作っていくべきか）」のコンセプトを開発していきます。

3C分析から4Pでの打ち手の整理につながっていくように、PJMからUX（顧客体験）の設計につなげていくわけです。

3つの作業の結果、今手元には、明文化されたブランドパーパスと、狙い撃つジョブとフレネミー、そしてチャンスになるモーメントが揃っていると思います。これが、**組み合わせのための「視点」たち**です。

それでは早速顧客体験コンセプトの設計に入って……いく前に、もう一度だけ、PJMそれぞれのフェーズでのアウトプットや議論のプロセスを振り返ってみてください。

PJMメソッドが3C分析を逆転させた発想であることは先に述べた通りですが、別の言い方をすれば、**抽象から徐々に具体に入っていくプロセス**でもあります。

ですので、**最も具体的なモーメントの作業を終えたあとだと、「パーパスが物足りなく**

見える」可能性があるのです。これで本当に生活者が嬉しいのだろうか、ジョブやモーメントとも親和性があるのだろうか、など。

同じく、**モーメント探索で出会った生活者のリアルから、新しいジョブが見つかっているようなケース**も多数あります。

実際のプロジェクトでも、このタイミングでパーパスを見直し、いい形でアップデートされたケースもありますし、ソーシャルリスニングを駆使してジョブ探索のワークをもう1ラウンドやるような場合もあります。

ということで、ここで今一度、自分たちが定めたパーパスはこのままで大丈夫そうか、ジョブにヌケモレはないかを確認し、場合によってはアップデートのための追加ワークをやってみてください。

1周目のようにたっぷり時間を掛ける必要はありませんが、**もう一度俯瞰しながら各フェーズを見直すことで、強度のある顧客体験を作ることができます。**

追加ワーク①：バックキャストでパーパスを強くする

ここからはパーパス・ジョブ・モーメントそれぞれの完成度を上げるために、2周目にやってみるとオススメのアプローチをいくつか紹介しておきます。

パーパスを見直すと、「まだまだ小さいな／今まで通りだな」と思うケースが出てきます。これは「理想の社会を現状の延長」と決めつけてしまっている場合に起こりがちです。**どうしてもプロダクト発想や、見えている近未来から抜け出せなくなる。**パーパスの内容が「性能の進化」や「使用体験の改善」になってしまっているようなケースです。

そこでオススメなのが、**「未来洞察」**を取り入れること。

そのときに使えるのが、博報堂生活総合研究所が公開している「未来年表」というコンテンツです（その他も未来の兆しを解説している無料コンテンツは多数ありますので、もちろんそちらを使っていただいても大丈夫です）。

これまでに自分たちでそういう作業をされている場合は、その資料が役に立つと思います。「未来年表」は、未来の社会や環境などがどうなっているかを予測したもので、自社のコンテンツですが、ソートスターター（考え始めるキッカケ）として、とてもよくできていると思います。

例えば、2040年をクリックすると「東京圏の介護難民が38万人になっている」とか「予防歯科が生活者に浸透する」といったさまざまな予測が書いてあります。

そういう予想の中でポジティブなもの／気になるものをどんどんピックアップしていくわけです。そして、それらを手元に置きながら、改めて「作り出したい社会・解決したい社会課題」やパーパスを見直す。

そうすると、**目線が上がり、〝構えの小ささ〟が解消されやすくなります**。1周目にこれをやると、夢物語になってしまうのですが、2周目の視点としては非常に有効だと思います。

未来を予測する最善の方法はそれを発明することである――。

これは、アメリカの計算機学者であるアラン・ケイが言った、私の好きな言葉です。パーパスを実装して行動していくことも、これに近いと思っています。「こんな未来なんか来ないかも」と小さく予想したり、延長線でできそうなことにしたりするのではなく、**大きく未来を描いて、それを実現するためにブランドは何をすればいいかを考えたほうが楽し**

いのではないかと思います。

追加ワーク②：アナロガスで「巨人の肩に乗る」

「アナロガス・リサーチ」とは、インスピレーションを得るために**自分たちと類似する業界やブランドを観察するワーク**のことです。

例えば、正確無比なオペレーションが要されるF1のコックピットを観察することで、チェーンレストランの高速オペレーションのあるべき姿に対する示唆を得る、といったようなワークのことです。

このアナロガス・リサーチの発想が、パーパスの可能性を考えるときに有効です。繰り返し述べてきた通り、パーパスは競争発想でも陣取り合戦でもないので、究極的には、他業種の他ブランドと似てくるケースもあります。**似てくるからこそ、類似する業界やブランドを観察するというプロセスが有効になる**わけです。

例えば、博報堂は今「クリエイティビティ」というキーワードを大切にしていますが、他のブランドにも、同じようにクリエイティビティというキーワードを掲げているところがあります。

それを、徹底的に観察／分析するわけです。どんな文脈でクリエイティビティに言及しているのだろうか、それを体現するためにどんな取り組みをしているのだろうか、その他にはどんなキーワードを大切にしているのだろうか、それに対して競合や生活者はどのように反応しているのだろうか。

これらすべてが、自分たちがパーパスドリブンなアクションを推進する上で、大きな財産です。

何も「パクれ」と言っているわけではありません。味方であり先輩である他業種がどんなことをやってきたかを見ながら、自分たちのパーパスをよりシャープに仕上げていく。憧れを抱いたり違和感を抱いたりしたポイントを言語化して、自分たちにフィードバックしていく。これも、2周目のときこそ役立つ **「巨人の肩に乗れる」** テクニックです。

追加ワーク③：エスノグラフィでジョブ・モーメントを磨く

1周目のジョブ・モーメント規定は、マーケターとしての作業でした。

2周目は、**生活者として**やってみるのがオススメです。なぜなら、ジョブとモーメントにおいて最も大事なのは、そのリアリティだからです。デジタル中心にアプローチしてきましたが、たくさん現場に足を運んで声を聞くことも重要になります。

そのときにオススメしたいのが、**エスノグラフィ**的なアプローチ。エスノグラフィは、もともとは文化人類学や民族学の分野で用いられてきた研究手法で、「行動観察調査」や「参与観察調査」などとも呼ばれます。

実際の生活環境に調査員のように参入して、対象者と行動をともにしながら発見を積み重ねていく方法です。

例えば、炭酸飲料を担当していたとします。「リフレッシュしたい」というジョブから、フレネミーとして「ひとりカラオケ」が上がってきたとしましょう。

そうしたら、実際にカラオケに足を運んでみる。そして、そのときに自分が思ったことを詳細に書き留めるわけです。例えば、大声を出すことが大事、誰からも見られてないからこそできる弾け方がある、誰かになりきれると自分を忘れられる、など。ラグジュアリーブランドがフレネミーになったら、店舗に訪れて接客を受けてみる。私も、化粧品がフレネミーになったときには、実際に店舗に行って、話を聞いて、買って、使ったことがあります。

これをやることで、グッとリアルになる。机上の空論として描いたフレネミーは、全然フレネミーじゃないかもしれません。

一口にリフレッシュというジョブだとしても、さらに具体化ができるようになるかもしれません。

もっと踏み込むのであれば、**「ロールプレイング」**をしてみるのもオススメです。

私は今30歳ですが、時々、祖父母世代になった気持ちで街を歩くようにしています。そうすると、いろいろな違和感に気づく。スーパーの棚の上にあるものは取れないし、キャッシュレス決済しかできないお店ではコーヒーが飲めない。スマホがないので地図アプリが使えなくなりますが、バスが安く乗れたりすることに気づきます。こうしたロールプレイングで「視点」を増やして、ジョブやモーメントを検証するのも有用です。

自分が初めて担当する、生活者としての肌感がないカテゴリの場合は、私は必ずエスノグラフィやロールプレイングをするようにしています。

自動車や住宅や金融商品であれば、店舗に訪れたユーザーという設定でセールストークをしてもらいますし、実際の商談に同席させてもらうこともあります。なんなら、買えるのであれば実際に買ってしまいます。そうすることで、初めて、リアルなジョブやモーメントが分かるわけです。

ジョブやモーメントはどうしても机上の空論になりやすい。しかも、優秀なマーケターやクリエイターほど、「こういう欲求がありそう」「こういう瞬間がありそう」ということをポンポンと生み出せてしまう。だからこそ、最後は現場でのリアルな納得が大事です。

ポイントは、**ジョブとモーメントのワークが終わってから現場に行く**ということです。違和感という言葉がありますが、**「違和」を感じるのは前提に「和」があるから**です。

ソーシャルメディアで検索し、ジョブとモーメントのフレームワークをやって「和」の状態になった後にエスノグラフィやロールプレイングをすることで、効率的に「違和」に気づけるのです。

ジョブとモーメントのフェーズは、ほとんど全部デジタルで実践できるようにしていますが、仮説を最適化し、深掘りするためには、一次情報に触れることが大事になってきます。これも2周目として有効なワークです。

どういうスケジュールでやるのが最適か

さて、これで2周目のテクニックの話もおしまいです。

2周目なので、やってもいいし、やらなくてもいい。ただし、やるとリアリティが全然違います。時間をかけられるプロジェクトなのであれば、ぜひやっていただくことをオススメします。

いよいよUXのパートですが、その前に、どのくらいのスケジュールでやるのがいいかというお話を、最後にさせていただきます。ただしこれは、正直、ケースバイケースです。1カ月でやるケースもあれば、1年以上かけて進めていくようなケースもあります。

私たち（広告会社）主導で進めて顧客体験プランを提案するケースもあれば、ワークショップやタスクフォースのような形でクライアントと一緒に進めていくケースもありますし、クライアント内部でマーケティングの考え方として取り込んでもらって、内製化されているケースもあります。

一番の要因は、何を目的にしてPJMメソッドを導入するかだと思っています。大きく、**「PJMメイン型」と「UXメイン型」**があると思います【図29】。

✔PJMメイン型

具体的なアウトプット（例えば新サービスやTVCM）が決まっているわけではなく、ブ

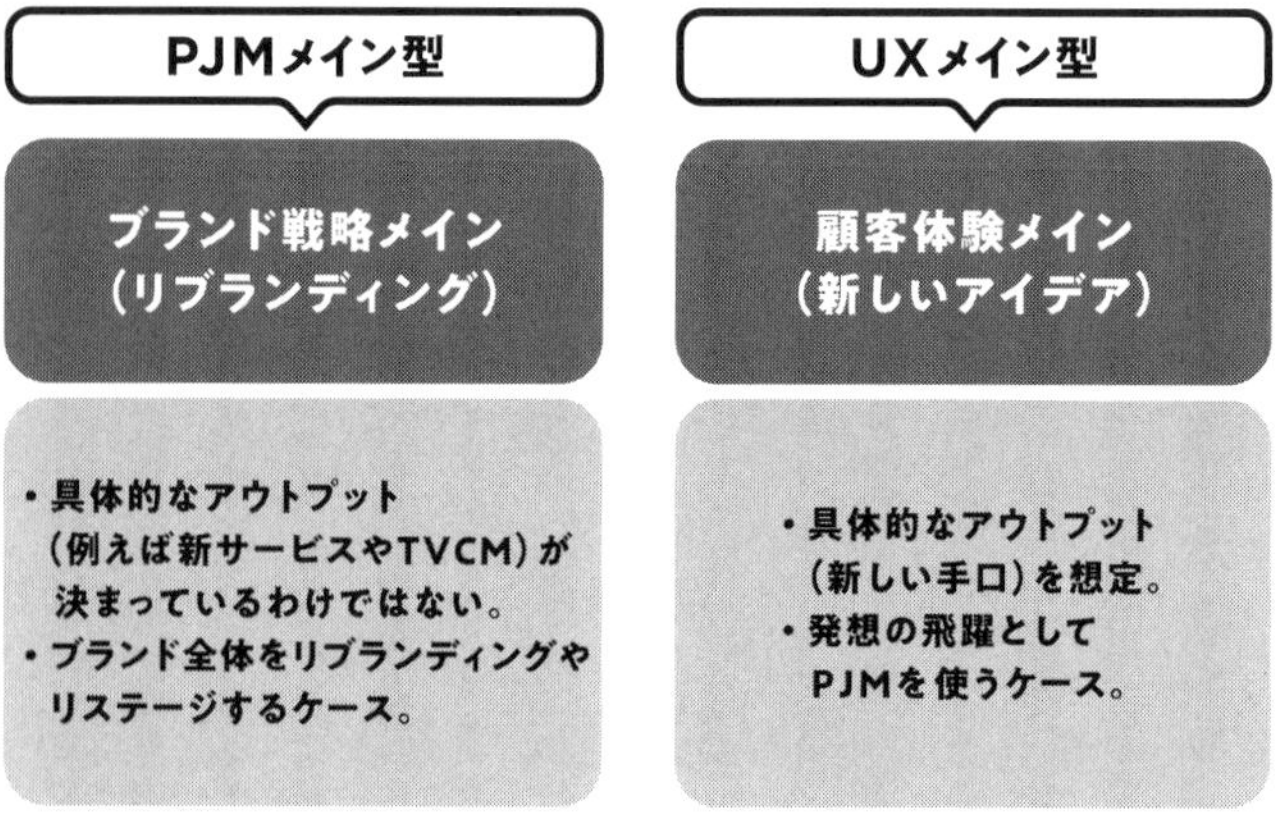

PJMメイン型	UXメイン型
ブランド戦略メイン （リブランディング）	顧客体験メイン （新しいアイデア）
・具体的なアウトプット 　（例えば新サービスやTVCM）が 　決まっているわけではない。 ・ブランド全体をリブランディングや 　リステージするケース。	・具体的なアウトプット 　（新しい手口）を想定。 ・発想の飛躍として 　PJMを使うケース。

【図 29】PJM型とUX型

ランド全体をリブランディングしたり、リステージしたりするために見直したいという**「戦略寄り」**のケース。例えば、ジョブやモーメントなどにおいては網羅性が大事になる。**次のブランドの設計図を作る**ようなイメージ。プロジェクトは長期になりがち。

✔UXメイン型

具体的なアウトプットが想定されていて、そのアウトプットをいいものにするためにPJMを使う**「体験寄り」**のケース。アウトプットの開始日から逆算して走り始めるので、短期間でやりきるケースが多い。ジョブやモーメントも網羅性ではなく、そのアウトプットを前提にしたときに**使える**

〝強い〟ものを見つけることが大事になる。新しい手口にトライするときに有効。

いずれにせよ、最も標準的なものは、4～5回のワークショップ（各5時間程度）と事前課題で仕上げていくパッケージで、以下のような流れになっています。

〈DAY1〉パーパス

事前課題として、「ブランドを代表するファクト・ストーリー」「作り出したい理想の社会・解決したい社会課題」を洗い出した上で、それらを具体的に絞り込む。

〈DAY2〉パーパス

DAY1を踏まえ「パーパス」を考える。必要な場合、追加インプットをする。

〈DAY3〉ジョブ

ピラミッドや穴埋めフォーマットを活用してジョブを洗い出し、フレネミーを選定しながら、良質なものを絞り込む。

〈DAY4〉モーメント

パーパス・ジョブからキーワードを策定し、ソーシャルメディアを活用してモーメントを発見する。

DAY1	PURPOSE	・事前にリサーチをした上でそれらを参加メンバーにダウンロード。 ・「ブランドを代表するファクト・ストーリー」「作り出したい理想の社会・解決したい社会課題」を具体的に規定。
DAY2		・DAY1のワークを踏まえ、パーパスを具体的に規定。
DAY3	JOB	・ピラミッドや穴埋めフォーマットを活用してジョブを洗い出す。 ・フレネミーを選定しながら、良質なものを絞り込み。
DAY4	MOMENT	・パーパス・ジョブからキーワードを策定。 ・ソーシャルメディアを活用してモーメントを発見。
DAY5	UX	・これまでのワークを総括し、マーケティング課題を加味してまとめシートを策定。 ・顧客体験コンセプトを決定。 ・具体的なアクションプランも議論。

【図 30】PJMメソッドの一般的なプロセス

〈DAY5〉 **顧客体験**

これまでのワークを総括し、マーケティング課題を加味してまとめシートを策定し、顧客体験コンセプトを決定する。具体的なアクションプランも議論する【図30】。

ワーク①：PJMを1枚のシートにまとめる

こうして、パーパス、ジョブ、モーメントが仕上がったら、これらの視点を組み合わせて**「どんな顧客体験を作っていくべきか」**のコンセプトを開発し、まとめシートに書き込んでいきます。このシートは先述した区分でいうと、主に「UXメイン型」を想定したものです。

PJMそれぞれの発見のためのインプットは多角的に行ってきましたが、最終的には1枚のシートにまとめられるようになっています。

例えばこれを、ブランド共通のブリーフィングシートやオリエンシートとして活用することもできます。膨大なインプットをギュッと圧縮するのが、最後のフェーズの役割です。

それでは、シートのそれぞれの要素について、改めて説明していきます【図31】。

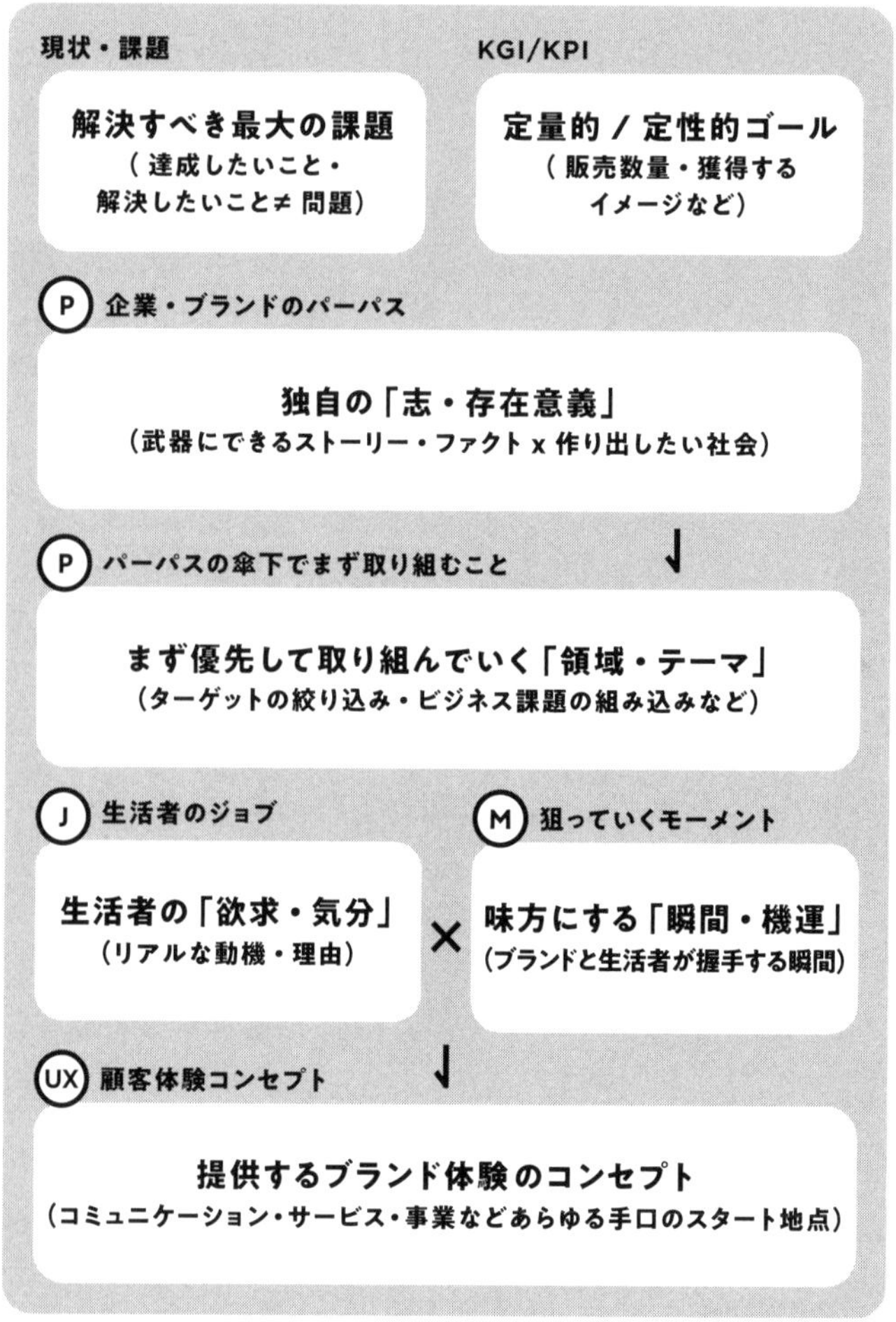

【図 31】PJMメソッドの「まとめシート」

①解決すべき最大の課題

ＰＪＭメソッドを導入するということは、少なからず何らかの課題意識があるはずです。ＰＪＭメイン型であればブランドイメージなどの課題でしょうか。ＵＸメイン型であれば攻略できていないターゲットや打ち手が遅れている領域に対する課題意識でしょうか。

ここでは、問題と課題を混同しないように、漠然とした悩み＝問題ではなく、**課題＝直接的に解決できることを記述**するようにしてください。**顧客体験の「お題」**になるものです。

②定量的／定性的ゴール

販売数量や売上目標などの定量指標や、獲得したいイメージなどの定性指標（KGIやKPI）を記入してください。

例えば売上目標であれば、「ユーザー数×平均単価×平均購入回数」というように分解することができます。新規ユーザーを狙う場合は、「新たに買いたいと思う人の数×その中で買ってくれた人の数の割合」という公式で分解できます。どの指標に対して施策を打っていくかを考えることはマーケティングの基本ですので、本書のメインではないですが、ゴールの設定はシャープなほうが望ましいです。

③P＝パーパス

ここには規定したパーパスをそのまま記述してください。ブランドにとって、大切な志になります。

④パーパス傘下での注力領域

シートで初めて出てくるボックスです。方程式的に記述するとしたら、①×③という感じでしょうか。パーパスは未来永劫掲げるもの（であるはず）なので、都度、**パーパスの傘下で、例えば3〜5年の期間でまず優先して取り組んでいく「領域・テーマ」を決める**必要があります。

例えば、「DXを一気に加速させること」なのか「ダイバーシティ領域から実践していくこと」なのか「若年層におけるプレゼンスをアップすること」なのか「流通網の改革」なのか。打ち手を見据えて、具体的なプライオリティを付けることが重要です。

自分たちの課題意識に合わせて変わるはずなので、**課題意識を起点に記述**をしてみてください。優先ターゲットを絞り込むとしたら、このボックスになります。

⑤JM＝ドライバーとなるジョブ／モーメント

ジョブ・フレネミー／モーメントを、可能な限り揃えたと思います。ただし、いきなりすべてのジョブ・フレネミー／モーメントに注力していくことは困難です。

そこで、このシートでは**①や④の絞り込みを参考に、優先度が高いものを2つ記入して**いきます。

これまでのケーススタディを踏まえると、例えば「機能的なものと情緒的なもの」や「個人的なものと社会的なもの」などのようにそれぞれピックアップすることが多かったので2つにしていますが、1つでも3つでも、**必要十分な数を書いていただければ大丈夫**です。

⑥UX＝提供する顧客体験を司るコンセプト

以上の①〜⑤を見据えながら、自分たちのブランドは**「どんな顧客体験を提供すればいいのか」**を整理します。

「UXメイン型」であればここはかなり具体的なアウトプットに近くなっています。TVCMであればタグラインやキャッチコピーですし、サービス開発であればサービスコンセプトや独自の体験価値が記入されるはずです。

「生活者はどんな体験ができればいいのか」の理想を書きましょう。これを明快に書くことがゴールになります。

シートの解説をしていく中で既にお気づきの方もいらっしゃるかもしれませんが、このシートは**①④を可変要素として、何パターンも作ることが可能**です。

実際に「トライアル最大化版」「リピート最大化版」といったように、2つのシートを運用していくようなケースもありますので、特に「PJMメイン型」の場合は、どのように定着させるか検討してみてください。ただし、シートだけで何十枚もできてしまうと、それはそれで運用が困難になりますのでご注意ください。

プロジェクトの最後にこの作業をすると、「なんで①＝解決すべき最大の課題を記入するのがこのフェーズなのか？」と質問をされることがあります。

それは、**いきなり対症型の発想／ソリューション型の発想にならないため**です。

課題から考え始めると、もちろんシャープな打ち手が生まれることもありますが、多くの場合、**パーパスの構えは小さくなり、ジョブやモーメントは顕在化したニーズに近付いていて、フレネミーは誰もが知っているカテゴリ内の競合になってしまいます。**

かといって、課題を無視して理想論を掲げるメソッドでもないので、このタイミングでブランド課題と接着させるわけです。

ビジネス課題を見据えながら、パーパスを具体化し、ジョブ・モーメントで飛躍させていく。こういう順序にしておけば、新しい課題や異なる課題に対しても、策定してあるPJMの視点の引き出しを開けることができます。

ここまで多くのインプットと行い議論を重ねてきた結果が、この1枚のシートに集約されます。集約することで、抑えるべきポイントが明快になり、関係者の中での共通言語が生まれます。このシートで、ブランドの未来を、生活者の未来を、変えていくのです。

ワーク②：「妄想リリース」でアクションを考える

「PJMメイン型」の場合は、シートで規定したコンセプトを見ながら、さて私たちは何をやろうか、と考えることになると思います。

PJMはすべてアクションのため。私たちは**Brave Moves（勇敢な行動）**といったりしますが、アクション不在のPJMメソッドは「スーパー頭でっかち」なだけで終わってしまいます（時間もかけたのに最悪です）。

ひとくちにアクションと言っても、当然ですがその領域は多岐に渡ります。ザッと書き出すだけでも、

〇組織・人事・採用・社内制度はどうあるべきなのか
〇カルチャーはどうあるべきなのか
〇既存の製品やサービスはどうあるべきなのか
〇新しいビジネスとして何に着手するべきなのか
〇マーケティングの４Ｐはどうあるべきなのか

など、ブランドに関するすべての領域が対象になります。

できれば、ＰＪＭを起点に**「型破りなアクションプラン」**を作りたい。その手助けはジョブやモーメントがしてくれるはずなのですが、もっと起爆剤がほしいとき、私は**「妄想リリース」**というアプローチを使います。

例えばニュース番組のテロップ。ウェブニュースのタイトル。新聞の一面。自分たちのブランドが何をしたら、大きなニュースになるでしょうか。

そこを「妄想リリース」というフォーマットの中で考えてみるわけです。

●●をパーパスに掲げる▲▲社、新たに○○○をスタート

ブランドが都合のいいことをやろうとしていたり、これまで通りの発想法に戻っていたりしたら、それはなかなかニュースにはなりません。

世の中にとっての嬉しさがないからです。**新しくて嬉しい○○○であり、日本初！ 世界初！ の○○○です。**

先程作ったまとめシートを前提に、例えばひとり10案ずつ持ち寄ってみると、ブランドが取り組むアクションプランの輪郭が浮かび上がってきます。

いきなりフィージビリティ（実現可能性）を意識するのはもったいない。だから、「妄想リリース」なのです。

ＰＪＭが見えてきたはいいけど、次はどうしようか。そんなときは、改めて発散のフェーズと位置づけ、このワークをやってみるのはいかがでしょうか。

「実現可能性」と「重要度」でプレイブックを作る

「妄想リリース」なのかその他の形式なのか、いずれにせよ取るべきアクションプランや施策のプランが揃ったとします。

それらのプランを、ビジネス課題を踏まえて絞り込む方法、「これは面白そうだ！」と主観で絞り込む方法、受容性調査をして客観的に絞り込む方法などがあると思います。

ＰＪＭメソッドでは、いきなり絞らずに、**「重要性」と「実現可能性」の2軸のポジショニングマップ**を作成して、中期的な視点でアクションプランをマッピングすることをオススメしています。

なぜなら、ＰＪＭメソッドは一過性の取り組みではなく、中長期的にブランドを変革していくための考え方だからです。「重要性」はブランドに与えるポジティブなインパクトの度合い。パーパスが鮮明に感じられるか、ジョブやモーメントをリアルに捉えているか（＝生活者に魅力的か）ということです。

「実現可能性」は文字通り、そのアクションプランを実現できるか、です。ただし、これは判断するためではなく、「実現可能性を高める」ことに時間を使うことをオススメします。

もちろん、お金を使ったり、体制を作ったりする覚悟があれば大抵のことは実現できますし、規模をサイズダウンさせれば、一気に可能性が高まるかもしれません。

今、このブランドでやる意味のあることだと思うのであれば「どう実現するか」を議論しましょう。

そこで絞り込まれたものは**「PJMプレイブック」**という形でまとめるといいかもしれません。プレイブックとは、各ブランドの経験や知見に基づく定石が書かれた戦略集で、組織全体で共有して判断や行動の拠りどころにするもの。アメリカンフットボールのプレイブック（フォーメーション別に相手の動きに応じた対抗策が書かれた、選手が頭に叩き込む作戦集）が語源です。

「PJMプレイブック」は**「ブランドが行動していくための中期アクションリスト」のようなイメージで、パーパスを実現するためのアイデア集**、とも言えそうです。

どんな志で、いつまでに、何をするか。もちろん、環境は日々すごい速さで変わっていくので、この通りにはならないと思います。ただし、プレイブックを作っておくことで、ひとつ行動基準が増えるわけですし、理想のロードマップを共有できるわけです。

P パーパス （ブランド）	①「ブランドを代表するファクト・ストーリー」を決める ②「作り出したい理想の社会・解決したい社会課題」を描く ③ ①②を組み合わせてパーパスを規定する ④ 5つの視点でパーパスを磨く
J ジョブ （競合）	⑤「6段階のピラミッド」でジョブを考える（ターゲット／オケージョン別も） ⑥「4つの穴埋めシート」でジョブを考える ⑦ ジョブごとにフレネミーと向き合い方を考える ⑧ ジョブを整理する（4象限型とジャーニー型）
M モーメント （生活者）	⑨ ソーシャルメディアからモーメントを探す ⑩「2ndクエリ」でモーメントをリアルにする ⑪ モーメントを取捨選択してキーワードとして仕上げる ⑫ モーメントマップとして整理する
UX 顧客体験	⑬ PJMの2ラウンド目をする（未来洞察／アナロガス／エスノ／ロープレ） ⑭「まとめシート」を記入して顧客体験コンセプトを開発する ⑮「妄想リリース」でアクションを考えて「プレイブック」にまとめる

【図 32】PJMメソッドのタスク総まとめ

Part 5

UX：理想の顧客体験を描くのまとめ

✔ PJMの2周目として「バックキャスト」「アナロガス」「エスノグラフィ／ロールプレイング」などに取り組むと、それぞれの発見がより洗練されて、強くなる。

✔ パーパス、ジョブ、モーメントが仕上がったら、「どんな顧客体験を作っていくべきか」のUXコンセプトを開発して、1枚のシートに落とし込む。

✔ この段階で、「ブランドが持つ解決すべき課題」「定量的／定性的ゴール」も加味することで、ビジネスインパクトを担保し、実現する顧客体験のリアリティを高める。

✔ 「スーパー頭でっかち」にならないように、PJMの先にあるBrave Moves（勇敢な行動）を考える。思いつかない場合は、「妄想リリース」というワークをやってみる。

✔アクションは、「重要性」と「実現可能性」で絞り込み、最終的には、どんな志で、いつまでに、何をするかを「ＰＪＭプレイブック」という形でまとめる。

プチ・エクササイズ

Q.

今、あなたのブランドが大ニュースになるとしたら、それはどんな領域でのどんな取り組みでしょうか？　パーパスを起点に、自由に考えてみましょう。

Part 6

15のケースで知るPJMメソッド

[すべて、架空のブランドをテーマに、
オリジナルでワークをしたものになります
(実在するブランドとは無関係のものです)]

Case
01 シューズメーカー

製品・サービス
キャンペーン
ブランディング

解決すべき最大の課題

ブランド力がなく、シューズの機能での差別化も難しくなっている中、ビジネスパーソン向けの新商品を開発したい。

定量的／定性的ゴール

30～50代のビジネスパーソンの購入率：前年比 **110%**

P パーパス

「人生を健康に歩み続けられる人」を増やす
自分たちを「靴」ではなく「歩く」を作るブランドであると捉え直す

パーパス傘下での注力領域

さまざまな「歩く」の中で
「通勤」など、仕事の「歩く」を意義あるものにする

J 生活者のジョブ

ちゃっかり健康になりたい

［フレネミー
サプリ・トクホ］

×

M 狙っていくモーメント

オフィス内をちょっと移動する瞬間

UX 提供する顧客体験を司るコンセプト

1歩の価値を1・5歩にする
ビジネストレーニングシューズ／サンダル

ワークの振り返り

シューズメーカーとしてのDNAを考え、「靴」ではなく「歩く習慣」を通じて日本中の「健康」を作っている会社であると位置付け、存在意義をアップデートしました。

その上で、ジムなどに行くのは面倒だけど……というインサイトからターゲットの健康行動としてのトクホやサプリに着目し「ちゃっかり成果を出したい」というジョブを発見しました。

その後、ビジネスパーソンのちゃっかりモーメントとして「オフィス内のフロア移動」を発見。それらを組み合わせ、1歩の消費カロリーを1・5倍にしてくれる「ビジネストレーニングシューズ／サンダル」（革靴風のトレーニングシューズ／サンダル）という顧客体験のコンセプトとしてまとめました。

ポイントは、パーパスで「靴→歩く→健康」という2段階の上位概念シフトをしていることと、歩くことを起点にしつつ「ずっと健康でいたい」といったお利口さんのジョブではなく、「ちゃっかり成果を出したい」という生々しいジョブを発見したことです。

Case

02 お菓子メーカー

解決すべき最大の課題

コロナ禍でステイホームが増えたことを踏まえ、**「家でお菓子をもっと楽しめる体験」**を提案したい。

定量的／定性的ゴール

初年度売り上げ：ノルム比**110%**

P パーパス

「口の中」はもちろん、頭の中、身体、そして心に優しさを拡げ、口の中から人間を優しくする

お菓子の効用を「優しさ」と捉え、口→頭→身体→心と作用する範囲を拡張

パーパス傘下での注力領域

コロナ禍を踏まえて**「家族の毎日に優しさ」**を提案できることを優先する

J 生活者のジョブ

親子で阿吽の呼吸をしたい

［フレネミー　**キャッチボール・パズル**］

×

M 狙っていくモーメント

在宅ワークの昼休み

UX 提供する顧客体験を司るコンセプト

お昼に一緒に作って夜に一緒に食べるステイホーム用お菓子

ステイスイーツ

ワークの振り返り

お菓子の価値を「優しさ」だとした上で、それが「口」から始まって、頭・身体・心まで作用すると規定。そして、コロナ禍においては「家族の毎日の優しさ」にフォーカス。その上で、キャッチボールやパズル、ゲームなどが満たしている「親子で阿吽の呼吸をしたい」という、共同作業のジョブに着目。また、コロナで増えた「在宅ワークの昼休み」というモーメントを前向きに楽しむ人、持て余している人のそれぞれがいることを発見。それらを組み合わせ、お昼休みに親子で準備をして、夜に一緒に食べられる、半日だけ熟成する「ステイホーム専用お菓子」というアイデアを考案しました。

パーパスを起点に、親と子の両方が持っているジョブ、そして環境変化の中で新しく生まれたモーメントに着目したことで、巻き込む人を増やせたケースだと思います。

Case
03 生命保険

解決すべき最大の課題

ミレニアル世代にあまり愛着のない自社の「生命保険商品」をアップデートして、早期加入率を最大化したい。

定量的／定性的ゴール

ミレニアル世代の
加入者数:
前年比 **110%**

P　パーパス

生きる／死ぬという「生命」だけではなく、
「豊かな一日一日の尊さ」に自覚的な人を増やす
生命保険＝生死の話ではなく
「人生の尊さのための保険」へとシフト

パーパス傘下での注力領域

生命だけでなく「人生」に向き合っていることを訴求する

J　生活者のジョブ

同世代より
賢く過ごしたい

[フレネミー
ダイエット・美容・投資]

×

M　狙っていくモーメント

ライフプランの話に
ついていけなかった瞬間

UX　提供する顧客体験を司るコンセプト

超アーリー終活で人生設計を充実させる
アーリー・エンディング・RPG

製品・サービス
キャンペーン
ブランディング

ワークの振り返り

生命保険が持たれやすい「死後のリスクが低いうちは入る必要がない」というイメージを打破するために、「尊い人生の一日一日にコミットする」という中期的なパーパスを規定。その上で、ミレニアル世代にありがちなお金や健康周りの隠れた競争欲求や、賢く生きたい欲求に着目し、それが焦りに変わる「ライフプランに関するトークで周囲においていかれた瞬間」を発見しました。

そこから、「圧倒的に早く終活を始める」をコンセプトに、人生のためのさまざまなことを学べ、結果、豊かに日々を送れる、RPGをモチーフにした、SaaS型の終活支援プロダクトを考案（保険はもともとSaaS型のビジネスモデルでもあります）。

金融などの生々しい業種は、パーパスも大事ですが、ザラッとした、ちょっとドキッとするようなジョブとモーメントがすべてです。ちなみに、今回は、ジョブの穴埋めで出会った「アーリーアンチエイジング欲求」も参考になりました。

Case

04 化粧品メーカー

解決すべき最大の課題

ダイバーシティの取り組みとして「女性の立場を向上させる施策」を立ち上げたい。

定量的／定性的ゴール

SNSでのカンバセーション数：前年比**110%**

P パーパス

社会に女性が心地よく存在できるために
「自己装備・自己肯定を最大化」する
ビューティ＝化粧品＝自己装備だけではなく、
それがもたらす自己肯定も自社のドメインだと規定

パーパス傘下での注力領域

画一的な美しさの押しつけではなく、
「自己肯定」につながる多様なキッカケを作る

J 生活者のジョブ

好きなことで
活躍したい

[フレネミー
趣味・NPO・副業]

×

M 狙っていくモーメント

平日の仕事終わりに
「オンオフを切り替える一瞬」

UX 提供する顧客体験を司るコンセプト

アクティビティ×シッター連動サービス
「ACT & SIT」

製品・サービス
キャンペーン
ブランディング

ワークの振り返り

メイクアップやビューティといった事業固有の価値を、「自己肯定」と上位概念に格上げしパーパスを策定（日本は自己肯定感が低い国です）。

その上で、日々の暮らしについてのジョブ探索で、現代の女性にとっては、キャリア志向というよりは「自分の好きなことで貢献／活躍したい」という意欲が強まっていることを発見しました。

一方で、働き終わってお迎えに向かうといった、息つく暇もないネガティブなモーメントも発見。それらを含みこんで、好きなアクティビティとシッター・家事代行サービスが一体化したプラットフォーム「ACT&SIT」というアイデアを考えました。

前向きなジョブがあるのに、ネガティブなモーメントがハードルになっている、という歪みに注目したケースです。〝ビューティ〟のみに着目していると、こういうアイデアには行き着かなかったのかもと思います。

Case

05 アパレル

解決すべき最大の課題

自社の技術に自信がある「オックスフォードシャツ」をブランドの代名詞にしたい。

定量的／定性的ゴール

販売枚数：
前年比 110%

P パーパス

「清潔な美しさ」を増やす
「おしゃれ着」と「普段着」の間の「クリーンワンマイルウェア」
というカテゴリで毎日の生活を応援する

パーパス傘下での注力領域

オックスフォードシャツの着用率が高い一方で、
自社ブランドのシェアが低い30代女性にアプローチする

J 生活者のジョブ

年齢にふさわしい選択をしたい

［ フレネミー
エイジングケア ］

×

M 狙っていくモーメント

選択肢が多すぎて選ぶのが面倒になる瞬間

UX 提供する顧客体験を司るコンセプト

30代だけが入れる
オックスフォードシャツ・カフェ

ワークの振り返り

アパレルは、パーパスが似やすいカテゴリだと思います。今回の場合は、「クリーン・ワンマイルウェア（ちょっと清潔なお出かけ着）」へのこだわりをDNAとして位置付け、「清潔な美しさ」を増やすことをパーパスにしました。

そして、アパレルやコスメなどの場合は、ジョブ・モーメントが重要になります。今回は、「年齢にふさわしい選択をしたい」という守りのジョブに着目。オシャレをしたいなどの紋切り型のジョブで止まらないように、穴埋めのワークに時間をかけて発見しました。モーメントは、「選ぶのが面倒で買うのをやめる（同じものを使い続ける）」という大きな瞬間を捉えました。

それらを組み合わせて30代しか入れない「オックスフォードシャツを販売するカフェ」という店舗コンセプト設計。年齢制限によって「自分たちの世代向け」ということを明示し、「カフェ」と位置づけることでパーパスを体現しながら、来店ハードルも下げました。オックスフォードシャツしかないので選ぶ手間も不要。気分が上がる系の商材ほど、ハードルとなっているジョブやモーメントにヒントがあることが多いです。

Case
06 デパート

解決すべき最大の課題

「デパート＝古い」というイメージを持たれ始めているので、それを打破して顧客離れを食い止めたい。

定量的／定性的ゴール

月間来館者数：前年比 110%

P パーパス

「選りすぐりの商品を売る」ことを通じて「褒められる回数」を増やしていく

パーパス傘下での注力領域

可処分所得が多くネットワーク効果も見込める30～40代の子育て世代からアプローチ

J 生活者のジョブ

おしゃれをまだ忘れたくない

［フレネミー 美容院・ネイルサロン］

×

M 狙っていくモーメント

フィットネス・美容院・ネイルサロンなどで「仕上がった直後」

UX 提供する顧客体験を司るコンセプト

専属フォトグラファー付き試着サービス

ワークの振り返り

商品ラインナップの幅広さをパーパス発想で解釈し、「褒められる回数」を増やすためのビジネスであると、概念をアップデート。その上で、デパートに関連するターゲット特有のジョブとして「おしゃれを忘れたくない」という焦りを含んだ気持ちを見つけました。

正確には「おしゃれを忘れていない自分だと思いたい」というニュアンスです。そして、それが高まる瞬間として、ヘアカットやネイル、ジムなどに行って「自分が仕上がった直後」に着目。その足でデパートに寄ってもらうための体験として「試着」と「ポートレート撮影」をセットにした、新しい接客のアイデアを開発しました。

今の時代、モノを買うだけならオンラインで十分です。だから「デパートまで来てもらう」というゴールから逆算してジョブやモーメントを出し、絞り込んでいきました。コーディネートサービスだけでも、動機としては不十分だったのではないかと思います。「褒められにデパートに行く」という新しい動機と嬉しい体験が作れるのではないかと考えました（個人的にも、あったら使いたいなと思っています）。

Case
07 住宅賃貸サービス

解決すべき最大の課題

引っ越しのシーズン（新年度・人事異動）以外のシーズンに引っ越す人を増やしたい。

定量的／定性的ゴール

閑散期の利用率：
前年比 **110%**

P パーパス

「フィーリングの合った生活」を増やす
「便利な引っ越し」を支援するのではなく、
「気持ちが軽くなる引っ越し」を支援するブランドであると捉え直す

パーパス傘下での注力領域

引っ越し行動が起こりやすい
シングル／DINKS層から攻略していく

J 生活者のジョブ

**運気を
一新したい**

［フレネミー
厄祓い・ヘアサロン］

×

M 狙っていくモーメント

**失恋した／商談に失敗した
／つまずいて転んだ瞬間
（他多数）**

UX 提供する顧客体験を司るコンセプト

**日常の厄モーメントを総取りする
「厄除け引っ越し」キャンペーン**

ワークの振り返り

必然的に発生する引っ越しではなく、「自主的に引っ越す人」を増やすという、かなり高度なモチベーション設計が必要なお題です（自分で考えて苦しみました）。

そこで、便利な引っ越しでもなく、いい部屋と出会わせるでもなく、日本人の国民性も意識して「気持ちを軽くする」という志があるサービスだと規定。

そのまま、一気通貫して「厄祓いをしたい（けどしないまま）」という引っ越しに関するジョブを発見しました。その上で、一気に「プチ厄モーメント」を洗い出しています。

失恋したとき、商談に失敗したとき、始末書を書かされたとき、家にゴキブリが出たときなど、日々潜む厄モーメントは100個では収まりませんでした。……辛い日々です。

以上を踏まえ、賃貸マンションという身軽さも意識し、日常の厄モーメントを総取りしていく「厄除け引っ越し」という新しい行動を提案するキャンペーンコンセプトを立案しました。まず、「引っ越しという手もあるかも」と思ってもらうことが大事なので、そのリアリティにこだわりました。

Case

08 食品メーカー

解決すべき最大の課題

価格競争が激化する市場において、オンシーズンである冬に、「友人と鍋をする」という行動を提案したい。

定量的／定性的ゴール

月間販売金額：前年比 110%

P パーパス

鍋を囲むという体験を通じて「本音で語り合う」時間を増やし、人と人との距離を近づける

鍋＝コミュニケーション・アイテム

パーパス傘下での注力領域

特に「ひとり暮らしのミレニアル世代」に対して
鍋を「今っぽいもの」に見せる

J 生活者のジョブ

何も考えずにとことん緩みたい

[フレネミー
温泉・マッサージ]

×

M 狙っていくモーメント

年末年始の帰省＆同窓会

UX 提供する顧客体験を司るコンセプト

銭湯～卓球～鍋がセットになった

「同窓ナイトチルパック」

ワークの振り返り

「鍋ブランド」らしいパーパスを規定できるかがほぼすべてでした。

鍋という食事の本質価値をコミュニケーションであると定義して、「本音で語る時間を増やすブランド」であると大きく構え、「人と人との距離を近づける」という嬉しさを含んだパーパスとして規定。その上で、鍋に関する／チルを求めるジョブと、チルを実現するモーメントを掛け算し、「同窓ナイトチルパック」（銭湯・卓球・鍋）としてひとつのパッケージにしました。

いわゆるコ・マーケティング（共同マーケティング）で、フレネミーとタッグを組んだパターンです。こうしてフレネミーを味方にすると、鍋だけでなく、銭湯や卓球も、鍋をトライアルするキッカケになるので、ブランドにとってはチャンスが増えることになります。

Case

09 航空会社

解決すべき最大の課題

オフシーズンに自社のエアラインへの搭乗率を最大化したい。

定量的／定性的ゴール

搭乗人数：
前年比 **110%**

P パーパス

快適な移動体験（空での時間）を通じて「すべてのチャレンジのスタートダッシュ」を応援する

パーパス傘下での注力領域

受験・就職・上京など1～3月に発生するチャレンジにフォーカスする

J 生活者のジョブ

ハレの移動ほど堪能したい

[フレネミー タクシー・グリーン車]

×

M 狙っていくモーメント

隣の人のマナーが悪くて萎える瞬間

UX 提供する顧客体験を司るコンセプト

フライトごとにテーマを決めて就航する「コミュニティ・フライト」キャンペーン

ワークの振り返り

各社が提供する「快適な移動」は前提にした上で、移動する人には何かの目的があることを踏まえ、自分たちが提供するのは「チャレンジのスタートダッシュになる時間」だと規定して、パーパスに反映しました。

その上で、飛行機に乗るとき特有のワクワクしたいジョブ、そして隣の人のマナーが悪かったときのガッカリするモーメントにそれぞれ着目。

そのガッカリ感を深掘りし、「自分と相手のギャップが大きかったとき（自分は受験前なのに隣の人は旅行帰りでお酒を飲んで爆睡など）」が正体であると発見。

それらを組み合わせ、「コミュニティ・フライト」という、同じ目的（例えば、受験・商談・卒業旅行など）を持った人たちを募集して、そのグループごとに便をタグ付けして運航するというプロモーションアイデアを開発しました。

パーパスの段階で「チャレンジの応援」という定義をできたことで、ジョブやモーメントをチャレンジ起点に深堀りできたので、シャープにアイデアにたどり着けました。

Case

10 サブスク動画サービス

解決すべき最大の課題

後発で参入することが決定。「ユーザーフレンドリー」というイメージを形成したい。

定量的／定性的ゴール

新規入会率：
ノルム比 **110%**

P パーパス

人々に「夢」を与え続けることで、
誰もが「夢を口に出せる」社会を作る
コンテンツはエンタテインメントを楽しむためではなく、
自らの夢を描いてもらうサポートであるという思想

パーパス傘下での注力領域

生活者の中で自社ブランドと
「夢」というキーワードの距離を近づける

J 生活者のジョブ

たまには話題の
中心になりたい

［フレネミー
接客を伴うサービス・演劇］

×

M 狙っていくモーメント

話したくて
たまらないことが
あった瞬間

UX 提供する顧客体験を司るコンセプト

生活者をドラマの主人公にする
「＃最新作はあなたの人生」キャンペーン

ワークの振り返り

自社のコンテンツの価値を「エンタメ」ではなく「夢の補助輪」と設定し、コンテンツを見てもらうことで「誰もが恥ずかしがらずに夢を口に出せる世界を作る」ことをパーパスに設定。

このパーパスのもとで、リアル／デジタルともに高まっている「たまには話題の中心になりたい（注目されたい）」というジョブ、そして誰もが自分の人生でひとつは持っている「おもしろエピソード」「衝撃の実話」が手に入ったモーメントに注目しました。

アイデアは、ユーザーの人生を10分のドラマにする、このサブスク限定フレーム「#最新作はあなたの人生」キャンペーンを通期で展開するという参加型の施策。後発だからこそ、生活者に対して「あなたは視聴者」ではなく、「あなたが主役」という大きな転換を作る必要があるのではないかと考えました。

続いてが〈プロモーション〉最後のケーススタディです。

テーマは「格安スマホのユーザー獲得キャンペーン」。お時間がある方は、ぜひPJMそしてUXを考えてみてください。

Case

11 MVNO

解決すべき最大の課題

価格訴求ではない形で「自キャリアへの乗り換え」を促すモチベーションを設計し、成約数を増やしたい。

定量的／定性的ゴール

成約数：
前年比 110%

P パーパス

モバイルデバイスで「人々のリアルの時間の充実」を応援する
デジタルシフトの応援ではなく
「リアルを応援するデジタル」という構造にする

パーパス傘下での注力領域

リアルの時間が充実する「キッカケ」を作る

J 生活者のジョブ

周囲を驚かせたい

［フレネミー
アパレル・語学留学・習い事］

×

M 狙っていくモーメント

新年度／新学期

UX 提供する顧客体験を司るコンセプト

スマホと一緒に新しい自分にも乗り換え
「#ダブルデビュー」キャンペーン

ワークの振り返り

テクノロジー全盛期だからこそ、「リアルな時間の充実を助けるためのスマホ」という形で主従関係を規定し、ブランドに体温を付与するパーパスを開発しました。その上で、スマホを含めて何かを新しくするときに生活者が持つジョブとして「相手を驚かせたい（自分に驚いてほしい）」を発見。

また、ど真ん中のソーシャルモーメントとして、新学期／新年度という晴れやかな瞬間に着目。そこから、スマホだけでなくヘアサロンやアクティビティ（ヨガ／ストリートダンス／料理など）のスタートも一緒にプロデュースする「#ダブルデビュー」キャンペーンを考えました。普通にスマホを変えるジョブを考えるのではなく、もう少し広義に「何かを新しくするジョブ」を考えたことが、アイデアが柔らかくなったポイントだと思います。

Case
12 フィットネスクラブ

解決すべき最大の課題

個別機能に特化したフィットネスサービスの台頭を受け、「総合型フィットネスクラブ」として存在感が低下。

定量的／定性的ゴール

加入者数：
前年比 110%

P　パーパス

心身の健康という「効率的な（スマートな）生き方」をすべての人に提供すること

フィットネスは「時間がある人」がすることではなく、「時間がない人」ほど、やっておくと便利という思想

パーパス傘下での注力領域

フィットネス＝「効率的な」メンテナンスという思想の訴求

J　生活者のジョブ

必要以上のイライラを発散したいとき

［ フレネミー
カラオケ・マッサージ ］

×

M　狙っていくモーメント

原因不明でなんとなく不調な出社前／退社後

UX　提供する顧客体験を司るコンセプト

「心身総合型」の
「フィットネス＆メンテナンスラウンジ」

製品・サービス
キャンペーン
ブランディング

ワークの振り返り

フィットネスクラブに限らず、エッジがなくて苦しみやすい「総合型●●」ですが、なんでもあるというよさを活かしたまま、心身の健康を「効率的＝スマートに保つ」ことをパーパスとして設定し、意識が高い人だけのものではないことを訴求。

その上で、心身に乱れが生じている、モヤモヤとしたジョブやモーメントを発見。それらを組み合わせ、「心身総合型のフィットネス＆メンテナンスラウンジ」というリブランディングのコンセプトを設定。

狙っているのは、３つの変化です。①総合の意味を「心身」に拡張する、②フィットネスにメンテナンスの要素も含む、③トレーニングが必須のように思えるクラブではなく「ラウンジ」というくつろげる空間として定義する。

パーパスがもたらす志の高さと、ジョブ・モーメントを通じた寄り添い方。ポジネガ両面に注目して、リブランディングの方針を設定したケースです。

Case 13 インフラ

解決すべき最大の課題

「電力自由化」に伴って激化する中、20代の「自分たち向き」のイメージを向上させたい。

定量的／定性的ゴール

20代ユーザー数：前年比 **110%**

P パーパス

生活者の「安心して好きなことに打ち込める暮らし」をデザインする

単なる基盤＝インフラではなく、生命線＝ライフラインであると捉え直す

パーパス傘下での注力領域

引っ越しのタイミングで「電気ガスのセット契約」を最大化する

J 生活者のジョブ

オトクはちゃっかり総取りしたい

［フレネミー マイル・ポイントカード］

×

M 狙っていくモーメント

引っ越し

（を機に住環境を見直す瞬間）

UX 提供する顧客体験を司るコンセプト

光熱費を効率化して趣味に投資できる

「エレパ＆エレポ」

製品・サービス　キャンペーン　ブランディング

ワークの振り返り

自社を基盤＝インフラではなく、生命線＝ライフラインであると捉え直し、だからこそ「安心して好きなことに打ち込める暮らし」を作れるという想いをパーパスに。

その上で、引っ越しというモーメントと、おトクを逃さずに手に入れるホクホクと嬉しいジョブを発見しました。

それらを踏まえ「エレパ＆エレポ」と題した新しいブランディング施策を開発。

消費電力視点という考えを「エレパ（エレクトリック・パフォーマンス）」と定義し、家具家電などをコーディネートするコンサルティングサービスと、前年比より安くなった頑張りの一部をポイントで還元する「エレポ（エレクトリック・ポイント）」制度を掛け算。

インフラのパーパスは、どうしても総花的になりやすいため、ジョブとモーメントがブレイクスルーのポイントになると思います。

今回の場合は、ライフラインという捉え直しから、ターゲットの生活動線に自然に入っていけるジョブやモーメントを探しました。

Case

14 ブログサービス

解決すべき最大の課題

ブログサービスの統合に伴って、パーパスと新機能でブランド価値を強化したい。

定量的／定性的ゴール

ユーザー数：前年比 110%

P パーパス

発信する人とそれを楽しむ人の「つながり」を増やして「好きを循環・増幅させる」

読んで終わりではなく読んだ人も発信したくなる「循環型メディア」への進化

パーパス傘下での注力領域

読み手がフィルターバブル（同じような情報ばかり表示されること）を脱することを後押しする

J 生活者のジョブ

無関係な人に「好き」を否定されたくない

フレネミー

ライブ配信・オフ会・ファンアカウント

×

M 狙っていくモーメント

趣味が一致して一気に仲が深まった瞬間

UX 提供する顧客体験を司るコンセプト

みんながいいね！をしていない記事を紹介する「ニッチラブ・ランキング」

製品・サービス　キャンペーン　ブランディング

ワークの振り返り

読んで終わりではなく「循環型メディアになる」という統合の狙いを規定し、それを、「あなたの好きが循環・増幅する」という形でパーパスとして変換しました。

その上で、誰もが体感したことのある「好き」を起点にぐっと仲が深まる／イラッとする欲求・モーメントを発見しました。最終的には新ブランドを体現するサービスとして、「ニッチラブ・ランキング」というまだマッチングされていない記事を紹介する逆ランキングのような機能を考案しました。宝探しの気分のようなイメージです。

今回は「逆張り」のアプローチで、ジョブやモーメントを探しました。バズやフィルターバブルといったものの「逆側」にあるリアルを探すことに時間を使いました。

ともすると変わり者に見えますが、しっかりとしたパーパスがあるので、ひねくれていたりするようには見えにくいと思います。

Case

15 トイレタリー

解決すべき最大の課題

成分や技術でのニュース化をしにくくなったロングセラーの洗剤ブランドのリブランディングとトライアル拡大。

定量的／定性的ゴール

購入率：
前年比 110%

P パーパス

生活必需品の安定を実現することで「趣味・遊び」の充実を作る
安定感のある拠りどころとなることで、
その人がやりたいことに振り分けられる時間を増やす

パーパス傘下での注力領域

改めて「男性の家事参加」にフォーカスをすることで、
男女それぞれにヘルプフルなブランドであるというポジションを確立する

J 生活者のジョブ

（最低限は）
家族を喜ばせたい

［フレネミー
スイーツ・マッサージ・おもちゃ］

×

M 狙っていくモーメント

家族に後ろめたい
気持ちになった瞬間

UX 提供する顧客体験を司るコンセプト

新米パパ専用の
「家事本格デビュー洗剤」

ワークの振り返り

数年前から話題の「ワンオペ育児／家事」を背景に、本当は育児／家事に積極参加したいけど、知識や能力の差から参加できていないパパもいること、彼らは悪気ばかりがあるわけじゃなく、喜ばせたいと思っているというジョブに着目しました。

それが最大化するであろう「後ろめたさ」を感じる瞬間をフックに、新米パパ専用の「家事本格デビュー洗剤」とリブランディングする戦略を考案しました。

モーメントは、「仕事で帰りが遅れたとき」とか「頼まれたことを忙しくてできなかったとき」など、後ろめたい気持ちがピークになっているときです。

ジョブやモーメントは、ターゲット本人がリアルにドキッとするかどうかが重要です。「パパ専用○○」は、自然な家事参加を促せそうなフレームではないかと思いますし、逆にママがパパに買ってみるといった逆転の行動も起こせるのではないかと考えています。

PJMを実践する上で意識したい5ヶ条

以上、業界やお題をなるべくバラつかせながら、合計15のケースでPJMメソッドの使い方を検証してみました。ここで、まとめも兼ねて、改めて、PJMメソッドで顧客体験を考えるときのポイントを、5つ書いておきたいと思います【図33】。

①パーパスは「上位概念シフトの妙」が重要

特にアクションプランにつなげる上では、**自社ブランドをどう捉え、それをどう変化・進化させていくかのレベル感が重要**です。

総花的にならず、かといって機能価値の延長でもない、〝いい塩梅〟のパーパスを決める必要があります。迷ったら、抽象度のレベル別で、3〜5段階くらいパーパスを書き分けて、どの具体性で規定するかを議論するのも有効だと思います。

②ジョブは「広義のジョブ」も探すと◎

例えば、「スマホを変えるジョブ」ではなく「新しいことを始めるジョブ」。「洗剤を買うジョブ」だけでなく「家事をするジョブ」。

優れたジョブとなかなか出会えない場合は、**広義／上位の概念でジョブを探すとうまくいくことが多い**です。発想に詰まったら、ソーシャルメディアを活用してモーメントを探してから、ジョブに戻る手法も有効です。

③ジョブ・モーメントは「タブー」が肝

生活者の抱えている**「タブーを言い当てている」**くらいのほうが、その先の顧客体験はエッジーになってきます。

例えば、「喜ばせたい」ではなく「怒られたくない」。女性の社会進出の裏にあるひずみ。ジョブ・モーメントともにいい顧客体験のための補助輪なので、遠慮せず、生々しさを追求しましょう。今回のケースも、穴埋め作文が活躍しました。

④フレネミーに勝つにはオトクさも大事

机上の空論として、発想ゲーム的にフレネミーを出すだけでは意味がありません。イメチェンしたいというジョブに対して「アクティビティも付いてくるならオトク」。「サロンの後なら仕上がっているしラッキー」。**なんらかの気持ちのオトクさが、一緒に使ったり、**

① パーパスは「上位概念シフトの妙」が重要

② ジョブは「広義のジョブ」も探すと◎

③ ジョブ・モーメントは「タブー」が肝

④ フレネミーは「オトクさ」が大事

⑤ 困ったときは順不同で考える

【図 33】 PJMメソッドの実践のために重要な5つのポイント

乗り換えてくれたりするモチベーションになります。

何がオトクなのかを、突き詰めて考えると、アイデアにつながりやすいです。

⑤困ったら順不同で考える

PJMメソッドは、フレームワークではなく発想法です。パーパスから考えてうまくいかなかったらジョブを洗い出してみる。ジョブに飽きたらソーシャルリスニングでモーメントのリサーチをする。

グルグル行き来をしながら、それぞれの強度を高めていってください。もちろん、自社にパーパスがすでにある場合は、ジョブ・モーメントだけ実践すればアクションプランの開発につながっていくでしょう。

15のケーススタディを通じて感じたのは**「PJMの黄金比の追求」**が重要であるということです。

パーパスが薄いと小手先の手口が目立つ施策になってしまいますし、かといってジョブやモーメントを疎かにすると、理想論ばかりを追求した頭でっかちな施策になってしまう。志と想像力をミックスしながら、よい顧客体験を考案することが大事だと感じた次第です。

Part 7

DXを加速させるPJMメソッド

欧米と日本の「DXの定義」のズレ

最後のパートは、最近大ブームのDX（デジタル・トランスフォーメーション）とPJMメソッドの関係性についてです。

コロナ以降、多くのブランドでDXが進行中ではないでしょうか。

生活者側の期待も非常に高く、博報堂で実施した前述のアンケート（28ページ参照）では、**「DXが実現して生きやすい世の中になってほしい」と望む人は90%**に達しました。

一方で、68%の人は「コロナを経ても思ったよりも毎日がデジタル化しなかった」と答えるなど、生活のデジタル化はまだまだ道半ばでもあるようです。

個人的には、今のDXは**「ビッグワード×ポジショントーク」**という状況に見えます。

ビッグワードは、あらゆる領域を括れる便利なキーワードのこと。そしてポジショントークは、自分に有利な解釈・発信のことです。

みんなが、正確に概念を定義しないまま、あらゆる場面でDXという言葉を発し、しかも、それぞれの立場で都合よく使っている。

せっかく意義のあるはずの取り組みなのに、どこかバズワードの兆しがある。それではもったいないなと思っていました。

では、本来のDXとは一体何なのでしょうか。PJMメソッドの話から少し逸れますが、少し定義を調べてみます。

DXは、2004年にスウェーデン・ウメオ大学のエリック・ストルターマン教授が提唱した概念です。意外なことに、20年近く前に提唱されていました。

その定義は**〈ITの浸透は人々の生活をあらゆる面でより良い方向に変化させる〉**というものです。これを知って、私は「DXにもパーパスがあった！」と嬉しくなりました。

ところが、日本のDXの定義は、もちろんこの思想を念頭には置いているのですが、手段（HOW）の部分にフォーカスされているため、少し難解な文章になってしまっています。

企業が外部エコシステム（顧客、市場）の破壊的な変化に対応しつつ、内部エコシステム（組織、文化、従業員）の変革を牽引しながら、第3のプラットフォーム（クラウド、モビリティ、ビッグデータ／アナリティクス、ソーシャル技術）を利用して、新しい製品やサービス、新しいビジネス・モデルを通して、ネットとリアルの両面での顧客エクスペリエンスの変革を図ることで価値を創出し、競争上の優位性を確立すること。

出典：『ＤＸレポート：ＩＴシステム「２０２５年の壁」の克服とＤＸの本格的な展開』（経済産業省）

なかなか読み解くのに苦労する文章ですが、最も大事なのは**「ネットとリアル両面での顧客エクスペリエンスの変革を図る」**というところです。

いろいろな手段が書いてありますが、ＤＸで目指すべきことは、要するに顧客体験の変革だということ。**ＰＪＭメソッドと同じく、いい顧客体験を目指していくのがＤＸ**のようです。

経産省のレポートのタイトルである「２０２５年の壁」という言葉は「このままでは日本企業はデジタル競争の敗者になってしまう」という警告なのですが、つまり、警告を出さざるを得ない日本のデジタル化の遅れが、この定義を生んでいるわけです。

本来、欧米の定義である〝人々の生活を良くするもの〟でよかったのに、「日本は遅れているからもっと手前から始めなければ」という危機感が掛け算されて、現在の定義が生まれているのだと思います【図34】。

私は、欧米のＤＸは、**「創造型のＤＸ」**なのだと思います。時代遅れになりつつあった

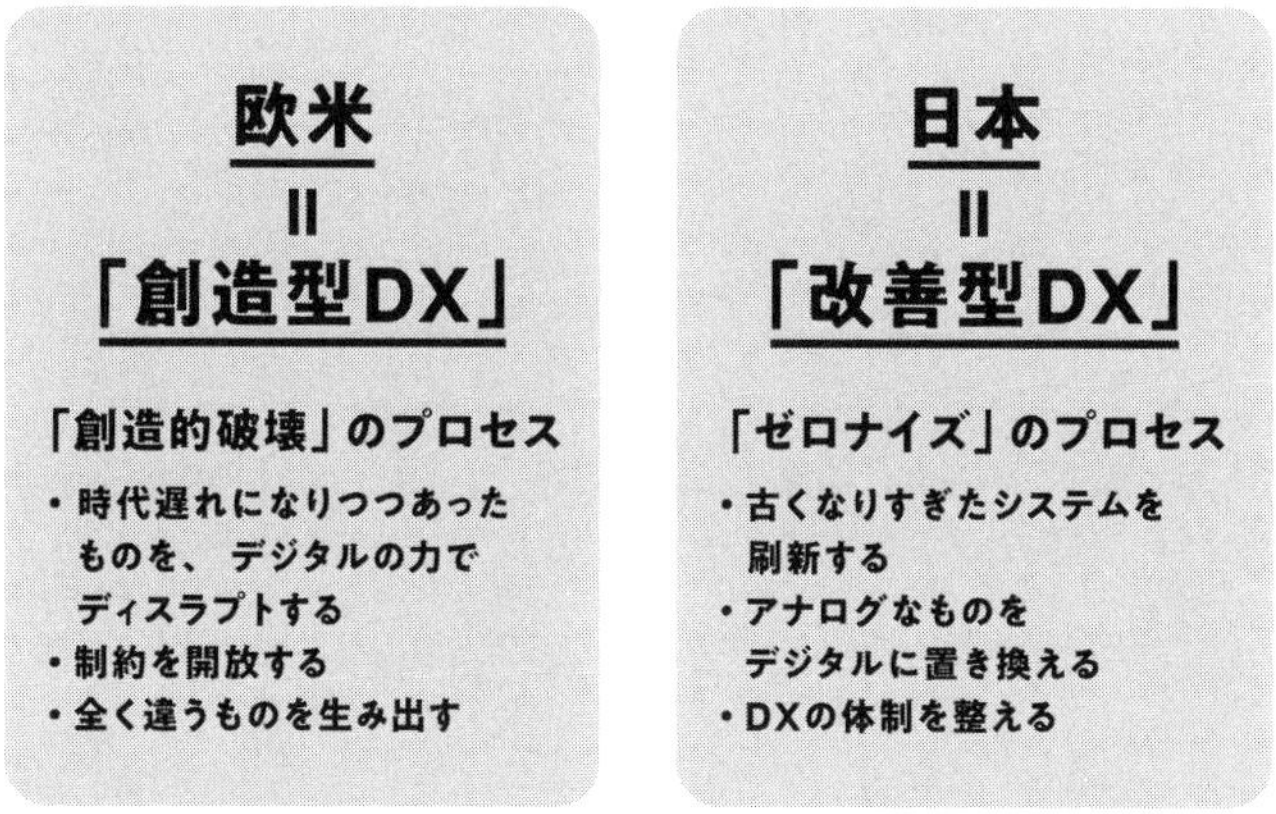
欧米
=
「創造型DX」
「創造的破壊」のプロセス
・時代遅れになりつつあったものを、デジタルの力でディスラプトする
・制約を開放する
・全く違うものを生み出す
日本
=
「改善型DX」
「ゼロナイズ」のプロセス
・古くなりすぎたシステムを刷新する
・アナログなものをデジタルに置き換える
・DXの体制を整える

【図 34】 欧米のDXと日本のDX

ものを、デジタルの力でディスラプトしていく。制約を開放する。全く違うものを生み出す。こういった創造的破壊のプロセスがＤＸです。

例えば、電子書籍も、「どこにいる人でも本を読めるようにするにはどうしたらいいんだろう」「どうやったら本のある生活がもっと良くなるんだろう」というパーパス的な発想が起点になっているわけです。

つまり、**創造型のDXは、本来パーパスと相性がよい**。

一方の日本は、まだそこまでいけていないので、追加の要素も入ってきていると思います。いうならば**「改善型のDX」**。古くなりすぎたシステムを刷新する、アナログなものをデジタルに置き換える、などです。

ただし、中には「創造型」の意味でＤＸと言う人もいるし、ＡＩサービスのことをＤＸと呼ぶ人もいる。だから、なんでもありのような状況が生まれてしまっています。せっかく意味のある変革を目指す取り組みなのに、やっぱりこれではもったいないです。

「生活を良くする」という最大の目的が抜けがちで、「とにかくデジタル化」というところに力点が置かれている。つまり、ＰＪＭメソッド的にいうと、「パーパスが不在」なわけです。これが、今の日本のＤＸで起きているゆがみだと思います。

「デジタル化」には3つのフェーズがある

なんでもかんでもＤＸと称されてしまう昨今ですが、「デジタル化」には３つの段階があります【図35】。

①デジタイズ（Digitize）
②デジタライズ（Digitalize）
③デジタル・トランスフォーメーション（DX）

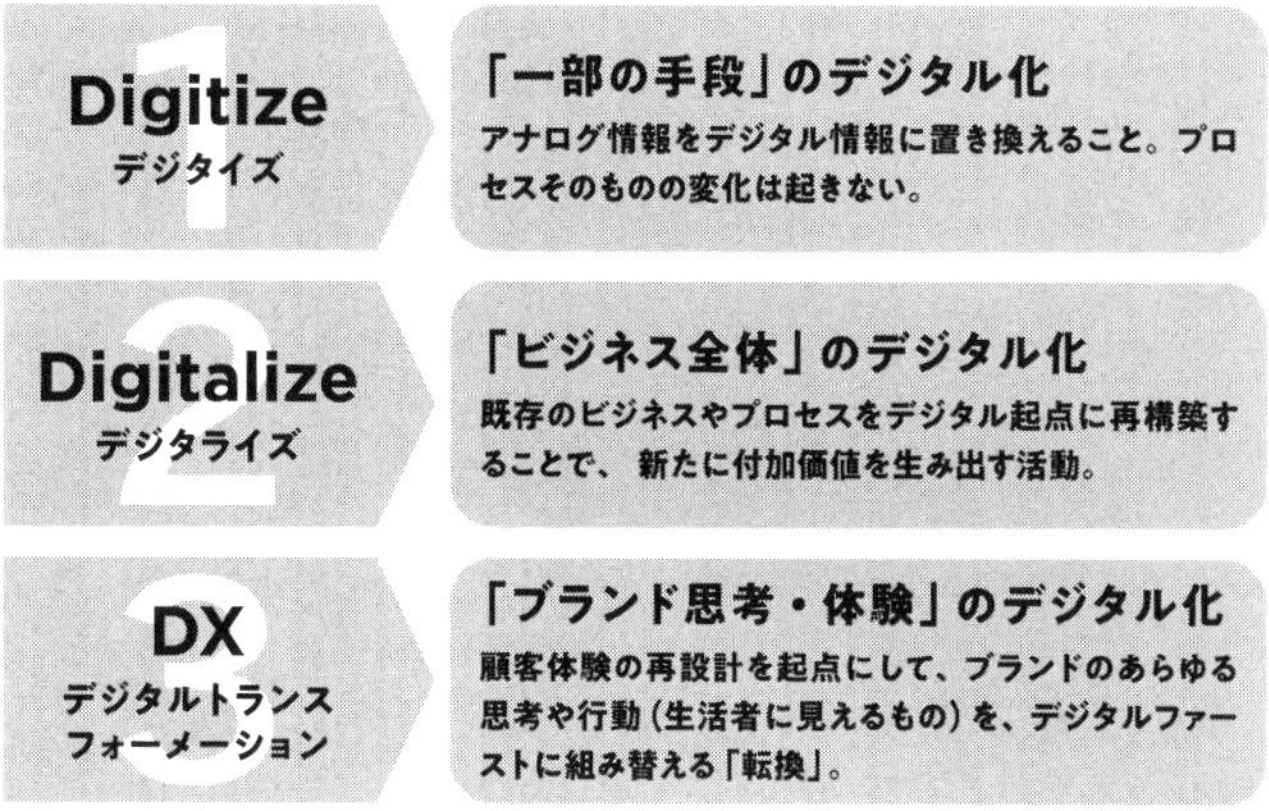

Digitize デジタイズ	**1**	**「一部の手段」のデジタル化** アナログ情報をデジタル情報に置き換えること。プロセスそのものの変化は起きない。
Digitalize デジタライズ	**2**	**「ビジネス全体」のデジタル化** 既存のビジネスやプロセスをデジタル起点に再構築することで、新たに付加価値を生み出す活動。
DX デジタルトランスフォーメーション		**「ブランド思考・体験」のデジタル化** 顧客体験の再設計を起点にして、ブランドのあらゆる思考や行動（生活者に見えるもの）を、デジタルファーストに組み替える「転換」。

【図 35】デジタル化の3段階

「デジタイズ（Digitize）」は、**アナログ情報をデジタルデータに置き換える**ことです。デジタル技術を活用してビジネスプロセスをデジタル化＝効率化することで、プロセスに変化は起きません。例えば、領収書が原本ではなく写真で処理できるようになったり、紙の個票で管理をしていた顧客リストがクラウドでデータベース化されたりといった**「置換」**です。

続いての「デジタライズ（Digitalize）」は、デジタイズで生まれた**デジタル上のデータを利用して、ビジネス全体のプロセスをデジタル起点に再構築し、新たに付加価値を生み出すこと**です。

例えば、対面店舗型のサービスがオンラ

イン化して、かつ、会員ＩＤで購入・利用履歴が簡単に見られるようになる、といったものがこれに当たります。

よくよく聞いてみると、今言われているＤＸは、ほとんどはこのどちらかであることが多いです。どちらも効率化や便利な設計はされていますが、まだ、顧客体験が抜本的に変わったわけではありません。

「デジタル・トランスフォーメーション（ＤＸ）」は、顧客体験を中心に、**ブランドが提供する価値すべてをデジタルファーストに組み替える「転換」**のことです

一部のプロセスの「置換」ではないわけです。新しい価値を設計し、**顧客体験自体が全く違うものになっている**。それがＤＸが起きた、ということだと思います。

例えば、サブスクリプション動画サービスはＤＸだと思います。コンテンツ単位でレンタルをしていた体験から、「好きなデバイスで／見放題で／定額で」という風に顧客体験を一新した。

さらに、既存コンテンツだけでなく、オリジナルコンテンツも制作・配信して、生活者はそれを楽しめるようになった。つまり、デジタルネイティブな発想で、全く違うビジネスを作ったわけです。

そして、いつの間にか、テレビや映画館すらフレネミーになっていたわけです。

以上を踏まえると分かるように、DX自体は、本来**クリエイティブでエキサイティングなプロセス**のはずです。

そして、**目的や想いがなければ、やりようがない**ものだということも分かるはずです。

また、DXには終わりがありません。生活者の声を聞きながら、常にアップデートされていく。それも、デジタルだからこそできることだと思います。

そう考えると、パーパスやブランドが提供する顧客体験の設計図なしに、「AIを導入したい」なんていう話が出てくることが、DXを目指すのであれば、おかしな話だと分かると思います。

DXは社会を良くするためのブランド体験刷新の手法です。顧客体験から議論が始まらないDX、生活者視点で自分たちの提供できる価値を捉え直していないDXは、ほぼすべて意味がないわけです。

DX推進こそパーパスが旗振り役になる

それぞれのブランドがどのようにDXを加速させるのかを考えるときに、決め手になるのはやはりパーパス。

手段的な発想に走るのではなく、**「WHY＝何を志してDXを実現するのか」という視点が必要**です。業務効率化におけるデジタル活用は、パーパスがなくても、ベストプラクティスを取り入れることである程度達成できます。

いわゆる「キャッチアップ型」というやつです。しかし、それは、どこまでいっても「便利を極めていく」だけになってしまう。もちろん重要で、かつ、日本の遅れが指摘されている部分ではあります。

一方で、例えば、「今の時代に必要とされるデジタルを活用した理想の飲酒体験」というものは、それぞれのブランドで違うはずです。ある会社が「飲みすぎて2日酔いになってしまう人をゼロにしたい」と考えるのであれば、酒量を計測してアラートを出す、バイタルデータと連動したアプリを作るべきかもしれません。

「お酒がキッカケで起こる事故や犯罪をゼロにしたい」と考えるのであれば、「代行サービス」を参考にして、お酒を飲んでいるときにワンタッチで送迎の配車や通報ができるアプリを作ればいい。

「自宅でも最高においしいビールを提供したい」と考えるなら、ＩｏＴビールサーバーを開発して、気温や体調に応じてカスタマイズしてビールを提供できるような仕組みを整えればいいでしょう。

いずれのケースでもデータを取得して開発にフィードバックして、新しいデジタル起点のビジネスを育てていくこともできそうです。

テクノロジーは便利です。今の時代、使わなかったら損です。ただし、**何のために使うかが空洞化してしまったら、それはただの最新技術の見本市**になってしまいます。

生活者が興味を持ってくれるのは、**新しいことではなく嬉しいこと**。嬉しさにコミットするとき、拠りどころはパーパスになる。ＤＸだけでなく、私が肝に銘じていることです。

このブランドは何を増やすためにこの世の中に存在し、どんな志で社会と向き合うのか。**ブランドのパーパスを実現するために、デジタルやテクノロジーを最大限に活用すればいいわけです**。パーパスがないと、本来の意味でのＤＸは、なかなか成功しないと思います。

ＰＪＭメソッドで策定したパーパスを起点に、あるべきＤＸを考えていくことで、欧米では当たり前になっている創造的破壊に、日本のブランドも着手することができるようになると思います。

ブランドのＤＸは「リボーン発想」で

それでは、パーパスがあれば、顧客体験のＤＸはすんなりと進んでいくのでしょうか。私もこれまでＤＸに関する多くのプロジェクトを担当してきました。

「●●のデジタル化」や「スマート●●」といった形で呼ばれているようなものです。ただし、ゼロベースで自由に考えればいいのですが、どうしても**個別最適化／手段的な発想が先行してしまうケースが多かった**。

例えば、「今コンビニで売っているから大手ＥＣ比率を上げていくべきだ」「ＴＶＣＭではなくデジタル広告にシフトしていくべきだ」「ＸＲテクノロジーを取り入れてバーチャルでのトライアルを可能にするべきだ」などです。

全部正しいですし、必然性があれば取り組むべきです。ただ、発想として〝小さくまとまって〟しまっています。コロナ禍でＤＸの重要性が叫ばれるからこそ、すぐにできそうなことから考えてしまいがちなのだと思います。

結局、あとから振り返ってみると、デジタイズ（Digitize）やデジタライズ（Digitalize）がいくつか完了しただけだった、となるわけです。

私が、パーパス起点にDXを進めるときは**「Brand Reborn」（ブランドリボーン）**というキーワードを掲げています。Rebornは「生まれ変わる」という意味。

本来、DXとはブランドが生まれ変わるくらい大きい変革の機会です。だから、**「この時代にこのブランドを再度ゼロから立ち上げるとしたら」**という視点に立って考えることで、あるべきDXを形にしていくわけです。プロジェクトは、こんな問いかけから始まります。

✔今、あなたのブランドと同じ業種のD2C／DVNBブランドが創業したら、彼／彼女たちはどんなことをしそうだろうか？

✔例えばそれは、どんなコンセプト？　どんなプロダクト？　どんなコミュニケーション？　どんな収益モデル？

D2C／DVNBブランドについて改めて説明すると、Direct to Consumer／Digital Native Vertical Brand の略で、プロダクトの企画・製造・販売を一貫して行っている新しいタイプのブランドのこと。ブランドの存在意義やストーリーなどを重視しており、生活者の共感を獲得してブランド価値を向上させることを目的としています。「モノ」を購入してもらうためのマーケティングだけでなく、ブランドが提供する「共感できる体験」によるブランディングを通じて、ブランド力を高めながら売上を拡大していくモデルです。

プロダクト（商品戦略）、プレイス（流通戦略）、プライス（価格戦略）、プロモーション（ブランド戦略／コミュニケーション戦略）は、どうなっていると理想でしょうか。

ここで、ジョブ・モーメントの出番です。例えば飲料ブランドだとしたら、「ペットボトルを捨てたくない」「分別って面倒」「地球に悪いことはしたくない」「500㎖飲みきれなかった瞬間」「ドリンクバーが懐かしくなった瞬間」など、いろいろなジョブやモーメントが出てきます。

これらを踏まえて、**「自分たちのブランドを時代に合わせてゼロから立ち上げるとしたら」**のプランを設計するわけです。そのブランドは置き型サーバーがメインかもしれない、駅にレフィルステーションがあるかもしれない、販売チャネルはＳＮＳかもしれない、招待制のコミュニティがあるかもしれない、など。

このようにリボーン発想でプランニングをしていくと、実現するべきＤＸの方向性が見えてきます。

この発想のいいところは、レガシー（負の遺産・制約）を無視して、パーパス発想を基軸に自由に考えられる点です。それによって、PJMを組み合わせながら、生活者視点に立って、スケール大きく発想することができます。そして、ほとんどの場合、ゼロベースで考えたほうが、デジタル体験が真ん中に来ます。

なぜなら、スマホなどはもう生活のインフラだから。自然とデジタルファーストな思考になっていく。**今あるものをどうするかではなく、リボーンするとしたらどうしたいか。**そんな問いでDXにアプローチすると、そこには意義と価値が実装されるわけです。

デジタルが実現するUXは「怠惰化・わがまま化・健全化」

リボーン型の発想でDXに取り組むと、どのような顧客体験が実現するのでしょうか。ここでは、実際のプロジェクトとケーススタディから抽出した3つのキーワードを紹介します。それは、**「怠惰化」「わがまま化」「健全化」**です。簡単に、それぞれの内容を紹介していきます。

①怠惰化

私たちは、テクノロジーに甘やかされてどんどん**「怠け者」**になっていっています。

例えば、これまでは紙面を読んで情報や知識を得てきたけれど、それがウェブ検索になり、レコメンドもしてくれるようになりました。手で書いていた時代からタイピングに変わり、今では音声入力も当たり前になってきています。そのうち、考えたことがそのまま文字になりそうです。

こうして、私たちは技術の進化に甘やかされていますし、ほとんどの場合、**この進化は不可逆**です（この書籍を原稿用紙に鉛筆で書いてほしいと依頼されたら、しばらくは抵抗すると思います）。

そうなったときに、DXで実現する顧客体験のポイントは**「何もしたくない生活者をどう楽にしてあげられるか」**ということです。

その怠惰な体験を設計するときに、ジョブとモーメントが役に立ちます。自分たちのカテゴリやブランドで「怠惰になりたい欲求」「楽になりたい瞬間」を探す。

生活者の「面倒だな」「もっと楽になりたいな」という気持ちを、デジタルやテクノロジーの力で解決していくわけです。オンラインビデオ会議ツールだって、そうして生まれた側面もあるはずですし、暑がりの私には、特に夏場は、とっても楽な仕組みです。

②わがまま化

これは**「みんな同じから私専用へ」**ということです。

カスタマイズやパーソナライズとも言われます。でき上がったプロダクトだけではなく、プロセスのどの部分を「私専用」にできるのか。これも、DXで実現する顧客体験のポイントです。

例えばカフェで飲むドリンク。缶コーヒーが数種類しかなかった時代から、カスタマイズが魅力になって、「選ぶ」「トッピングする」という体験も含めて、大人気になっています。

シャンプーも、ブランドイメージや技術・成分を比較するだけでなく、自分の髪の毛のコンディションに合わせて専用のものが処方される時代になっている。デジタルデータを分析して発見した売れ筋のプロダクトを、それぞれがちょっとだけアレンジできる「マスカスタマイゼーション」と呼ばれる新しいビジネスモデルも登場しています。

バイタルデータ（人間から取得できる脈拍、血圧、体温などの生体情報）の活用も大きな鍵になるでしょう。

アンケート結果ではなく、今は血液検査や尿検査などの分析結果から最適なサプリを提案するというビジネスがあります。海外では、「DNA情報入りリストバンド」で食べるべき食品がレコメンドされるようなサービスもあるようです。

このように、**あらゆるプロセスを自分専用にパーソナライズして欲しい**という流れがある。それは、生活者が**「わがまま化」**していくということです。かといって、1億パターンから選ばせるのは「怠惰化」の流れに反します。

わがままな想いが表れているジョブとモーメントを探していくと、体験設計のヒントになるかもしれません。

③健全化

これは**「所有からシェア（利用・共用）へ」**という流れに代表される、GOODを目指す動きのことです。

SDGs、エシカル消費、サステナビリティなど、時代はどんどん健全な方に進んでいるので、使う意義や意味が設計されていることは重要になります。どのような体験で**「自己貢献・社会貢献の実感を持ってもらうか」**という視点が体験の「健全化」です。

ミシェル・ド・モンテーニュという哲学者が、「他人に奉仕するために、自分の健全で愉快な生活を捨てるというのは、私から見れば、まちがった、不自然な生き方である。」

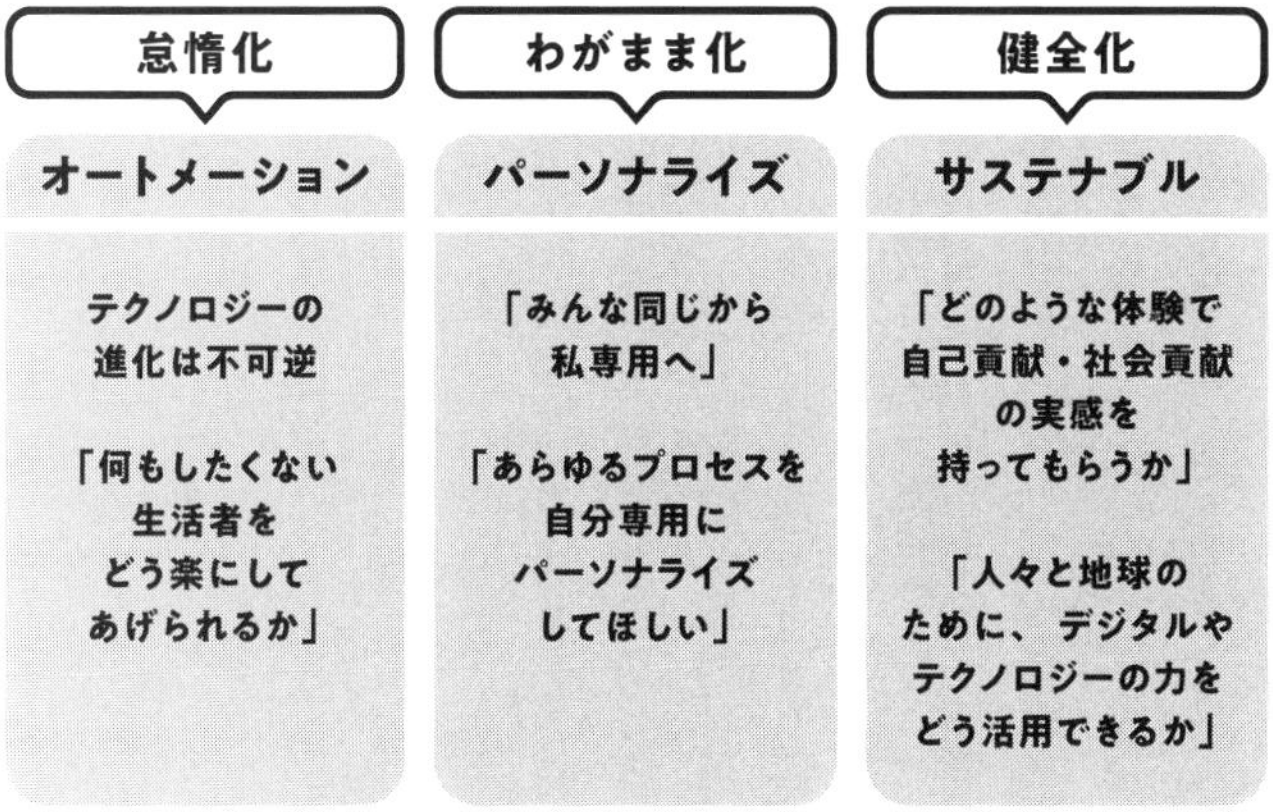

怠惰化	わがまま化	健全化
オートメーション	**パーソナライズ**	**サステナブル**
テクノロジーの 進化は不可逆 「何もしたくない 生活者を どう楽にして あげられるか」	「みんな同じから 私専用へ」 「あらゆるプロセスを 自分専用に パーソナライズ してほしい」	「どのような体験で 自己貢献・社会貢献 の実感を 持ってもらうか」 「人々と地球の ために、デジタルや テクノロジーの力を どう活用できるか」

【図 36】3つのキーワードのまとめ

と述べていますが、今、生産や消費の「そうした不自然さ」がどんどん排除されていっているように思います。

例えばファッション産業であれば、私たちも当たり前に使うようになったオンラインビデオツールで製造工場の様子を常に公開しているブランドがあったり、クリーンな製法で作られた商品を認証するタグが導入されていたりします。いずれも、私たちが抱えるモヤモヤ（これもジョブです）に着目し、デジタルの力で成し遂げた、「服を買う」という体験の健全化です。

人々と地球を守るために、デジタルやテクノロジーの力をどのように活用できそうか。歩きたくなる仕組みを作ることもそうですし、きちんと寝る仕組みを作ることもそうです。

デジタルを活用するからこそ、**人間の根源的な暮らしを見る健全な眼差しが、重要になっていくと思います。**

以上が3つのキーワードです。リボーン発想で顧客体験を考えていく際、自分たちのブランドを「怠惰」「わがまま」「健全」という視点で見直してジョブ・モーメントを探索することで、意義のあるDXを実現するヒントが得られると思います【図36】。

DXもPJMメソッドで設計しよう

経産省のレポートにも、目指すべきDXが実現した社会の姿として**「社会課題の解決や新たな価値、体験の提供が迅速になされ、安心・安全な社会が実現している」**と書かれています。ブランドがDXによって目指すべきは、やはり顧客体験の変革を通じて社会をよくしていくことに他なりません。

そして、アフターコロナが迫ってきている時代、私たちは**デジタルによる顧客体験のアップデートというテーマからは逃れられそうにありません。**

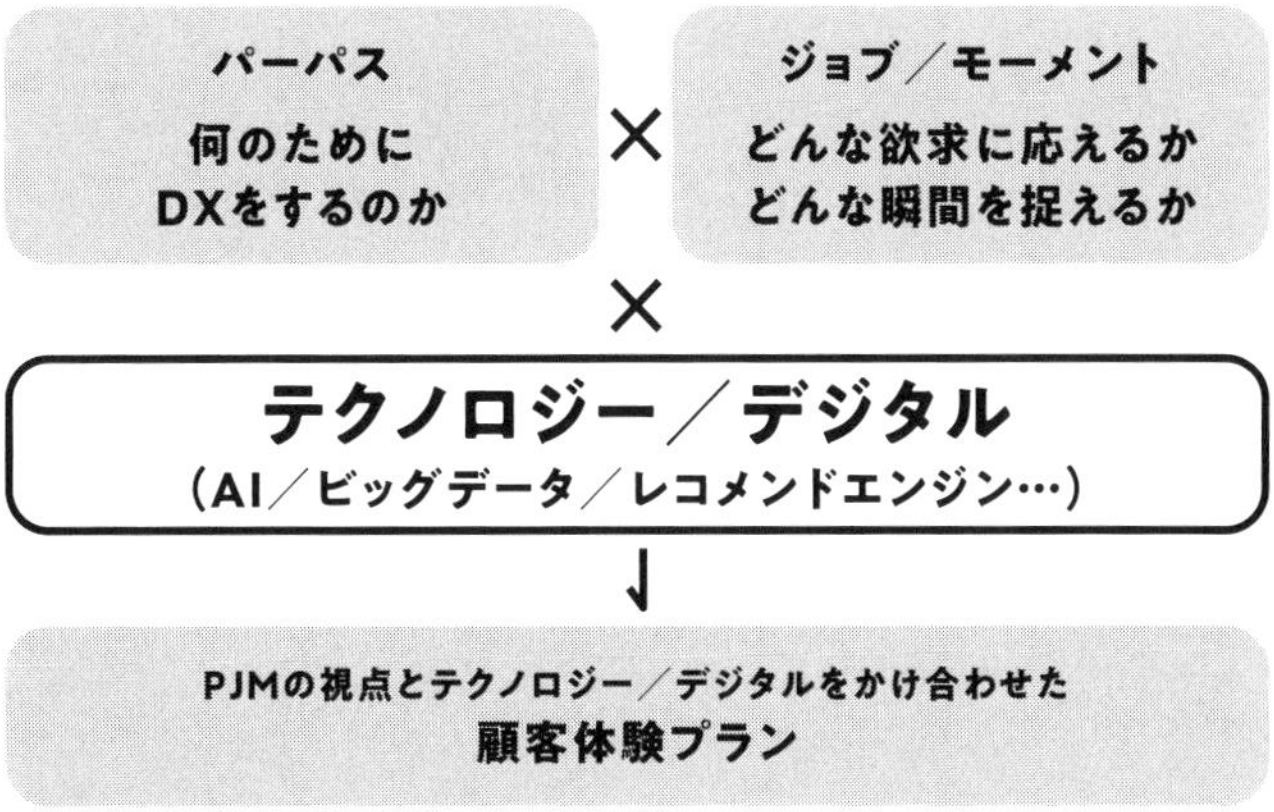

【図 37】DXとPJMの関係性

あらゆるブランドはＤＸしないといけないでしょうし、そうではないブランドは近い将来淘汰されてしまうはずです。そのために、まずは、デジタルファーストな企業体質づくりを進め、準備工程として、デジタイズ（Digitize）とデジタライズ（Digitalize）を完了させて、スタート地点に立つ必要があります。

そこまで来ると、ＰＪＭメソッドが役に立つと思っています。

パーパスは、私たちは何のためにＤＸするのかということ。ブランドの志がＤＸに意義を作り、そのブランドらしい顔つきを実現してくれます。

ジョブやモーメントは、デジタル時代の生活者の欲求にどう応えるのかということ。便利で嬉しい体験を提案することで、単なる効率化ではない独自の提供価値が生まれてきます。それらを組み合わせることで、怠惰化・わがまま化・健全化以外の領域も含めて、新しいブランド体験を設計していけるはずです【図37】。

そうして、デジタルを使いこなせるブランドへとリボーンしていくわけです。

DXとPJMメソッドは、すごく相性がいいと思っていますので、ぜひ、実務の中でご活用いただければと思っています（……というポジショントークです）。

Part 7 DXを加速させるPJMメソッドのまとめ

✔ DXとは「デジタルの力で人々の生活をあらゆる面でより良い方向に変化させる」こと＝転換で、手法をデジタルに単純に置換すること（デジタイズやデジタライズ）とは異なる。

✔ ブランドがどのようにDXを加速させるのかの決め手になるのがパーパス。業務効率化におけるデジタル活用と異なり、DXはベストプラクティスの研究だけでは不十分。何を志してDXに取り組むかが肝になる。

✔ パーパスを体現するためのDXのキーワードは「Brand Reborn（ブランドリボーン）」。今D2Cブランドとして生まれ変わるとしたらどうなるのか？ を考えると、自ずとDX実現後の姿が描ける。

✔ DXを通じて目指す顧客体験は「怠惰化」「わがまま化」「健全化」。生活者にとってより簡単に、よりパーソナルに、より心身ともにヘルシーにできる体験が重要。

✔ DXにも、PJMメソッドが役に立つ。パーパスは、私たちは何のためにDXするのかということ。ジョブやモーメントは生活者の欲求にデジタルを駆使してどう応えるのかということ。

プチ・エクササイズ

Q.

今、あなたのブランドと同じ業種のD2C／DVNBブランドが創業したら、最初に「大きく転換」されそうなのは、どんなところだろうか？ それはなぜだろうか？

おわりに　大切な人たちを幸せにできるか

マーケターやクリエイターの「パーパス」は何でしょうか？

私は**「生活者の人生の価値観を拡げること／選択肢を増やすこと」**だと思います。自分たちは、生活者の人生を充実させる責任を持っているのである。この仕事は、そうした高い視座で取り組むに足るものだと思っています。

生活者を幸せにするためにブランドがあって、そのブランドを輝かせるためにマーケターやクリエイターがいる。私は、(広告会社という立場ではありますが) 本気でそう考えています。生活者という大きな括りではなくても、大切な人たち一人ひとりを幸せにすることが、自分のパーパスだと思っています。

私は5年前にマーケティング部門からクリエイティブ部門に異動しましたが、しばらくは、クリエイターとしての得意技や強みがないという劣等感を抱えていました (今もありますが……)。そして、それを克服しなければという焦りもありました (今もありますが……)。

しばらくして、自分が「マーケターかクリエイターか」という狭い対比の中で悩んでいたことに気づきました。立場がどうあれ、目指すべきは生活者の生活を前向きにすること、そしてそのために担当するブランドを魅力的にすることだと気付けたからです。

そうして、先程のパーパスにつながっていったわけです。

そう思えてからは、少し楽になりました。クリエイターだからマーケティングの知識は使わないようにしよう、といったことを考えなくなったからです。むしろ、自分が経験してきたマーケティングを活かして**「クリエイティブを戦略的に開発する」**ということを強みにできないかと、試行錯誤ができました。

私にとって幸運だったのは、当時の博報堂で、ストラテジーとクリエイティブの融合が始まっていたこと。立場の越境や、スキルの共有が始まっていたのです。

クリエイターとして、ときにストラテジストとして、多くのクライアントを担当していく中で、派手ではないのですが、少しずつ**「好きなこと」「できること」「感謝されること」「需要があること」**（一番最初に出てきた「ＩＫＩＧＡＩ ＣＨＡＲＴ」の整理です）が分かってきた。

それを察知してひとつのアドバイスをくれたのが、当時の上司である茂呂譲治（現・博報堂 生活者エクスペリエンスクリエイティブ局 局長／エグゼクティブ・クリエイティブ・ディレクター）です。

「独自のアプローチで仕事をしているみたいだから、一度、発想法やアプローチを体系化

してみたらいいんじゃない？」

こう助言してくれたのです。

２０１７年の冬だったと思います。そこからは卒論を書く大学４年生の冬に戻ったかのように、現業の傍ら、体系化の作業を始めました。自分やチームが書いてきた企画書を全部見直し、クセや共通項をまとめていく。並行して名著と呼ばれるようなマーケティングの書籍を読み直して、感じたことや気づいたことを書き出したりもしました。

そういった作業を経て、自分のアプローチを分解するとしたら、

- **ブランドのらしさや想いを起点にしていること**（パーパス発想）
- **生活者のどんな気持ち／選択肢に入り込むのかを考えること**（ジョブ発想）
- **いつ欲しくなってもらうのかを具体化すること**（モーメント発想）
- **（得意技が少ない代わりに）いろいろな手口をやってきたこと**（ＵＸデザイン発想）

になるのでは？　と整理できたわけです。

この着眼を構造化し、３Ｃ分析をベースにしながら大幅にアップデートしたものが、本書で紹介してきたＰＪＭメソッドです。

結果的に、時代の急激な変化も追い風にして、ＰＪＭメソッドは多くのマーケティング／ブランディングの現場で使っていただけるようになりました。ここ最近でも、広告キャンペーンやリブランディングはもちろん、アプリやメディアの開発、プロダクト開発、事業統合などの業務でもご活用いただいていますし、自動車や金融から飲食、アプリまで、さまざまな業種での事例も蓄積されました。

個人的に**「生活者発想」という博報堂のフィロソフィを実践したメソッドになれているのではないか**、と、少しばかり嬉しく思っていたりもします。

一方で、フレームワークというものは、生み出された瞬間から劣化していくものでもある、とも思っています。数年後に見たら、なんでこんな古びたことを偉そうに言っているんだ、となるかもしれない。作り手としては、その恐怖心がありました。そういうフレームを、社内外でいくつも見てきた経緯もあります。

だから、**ＰＪＭメソッドはフレームワークではなく「発想法」である**、と位置付けています。プロジェクトによって力点を置くフェーズや、ときにはＰＪＭの順番すら変わりますし、まとめシートを使わないこともあります。既存のブランディングの手法と組み合わせて使うこともある。

だから、お読みいただいたみなさんにも、この本の通りではなく、考え方として、自由に使い倒してほしいと思っています。そして、リアルな実践知が蓄積したら、批判も含めて、教えていただきたいと思っています。

フレームワークは完成したら終わりですが、発想法なら常にしなやかに進化を続けられる。私は私でアップデートを続け、このメソッドを進化させていこうと考えています。

目指しているのは**「Don't stop learning」**のメソッドであり続けることです。

新型コロナウイルスの影響で、**「この先30年くらいで起きるはずだった変化がたった1年ほどで起こってしまったのではないか」**という感じがあります。だからこそ、ブランドも、私たち自身も、変化のタイミングなのです。

前向きに捉えると、マーケターやクリエイターにとって、今の状況は腕の見せどころではないでしょうか。なぜなら、30年後に訪れるはずだった変化を踏まえて、ブランドが何をすべきかを、最前線で考えることができるわけですから。

日本の若者の幸福度は、主要先進国の中で最下位だそうです。素晴らしいブランドの可能性を最大化して、彼/彼女たちの幸せに貢献すること。そして、いい未来を作ること。それが、ニューノーマルの時代でも、変わることなく、私たちが果たすべき大事な仕事ではないでしょうか。

ＰＪＭメソッドが、その補助輪的な役割を担えたらとても嬉しく思いますし、パーパス・ジョブ・モーメントという概念を組み合わせて生活者のブランド体験を考えることは、きっと、その一助になれるとも思っています。


最後までお読みいただき、本当にありがとうございました。

本書が、マーケティング／ブランディングに関わるすべての方々にとって、実務におけるブレイクスルーのキッカケになれば、著者として大変嬉しく思います。

ＰＪＭメソッドをご活用いただいているクライアントのみなさま、社内のプロジェクトチーム、粒違いな同期、トライアルに協力してくれたグループ会社のみなさま、そして本書の出版に多大なご尽力をいただいた松島さん、潮凪さん、嶋さん、最高のブックデザインをしてくれた同期の堅田さん、さらには家族や友人などこれまで支えてくれたすべてのみなさまへ、心からの愛と感謝を込めて、本書を締めくくりたいと思います。

２０２１年10月

コーヒーと緑茶を割ったお気に入りのドリンクを飲みながら

博報堂／ＳＩＸ
戦略ＣＤ／ＵＸデザイナー
藤平 達之

参考文献

『ストーリーで伝えるブランド』デービッド・アーカー（ダイヤモンド社）

『ジョブ理論』クレイトン・Ｍ・クリステンセン他（ハーパーコリンズ・ジャパン）

『マネジメント［エッセンシャル版］』ピーター・Ｆ・ドラッカー（ダイヤモンド社）

『コトラー&ケラーのマーケティング・マネジメント　基本編』フィリップ・コトラー他（丸善出版）

『アイデアのつくり方』ジェームス・Ｗ・ヤング（ＴＢＳブリタニカ）

『超図解・新しいマーケティング入門』博報堂マーケティングスクール（日経ＢＰ）

『Harvard Business Review』２０１９年3月号（ダイヤモンド社）

『Harvard Business Review』２０２０年10月号（ダイヤモンド社）

『ＤＸレポート ～ＩＴシステム「２０２５年の崖」克服とＤＸの本格的な展開』（経済産業省）
https://www.meti.go.jp/shingikai/mono_info_service/digital_transformation/20180907_report.html

『Understanding and Preventing Greenwash:A Business Guide』http://www.bsr.org/reports/Understanding%20_Preventing_Greenwash.pdf

『Meaningful Brands』https://www.meaningful-brands.com

クリエイティブなマーケティング

2021年12月15日　初版第1刷

著　者――――――藤平達之《とうへいたつゆき》
発行者――――――松島一樹
発行所――――――現代書林
〒162-0053　東京都新宿区原町3-61　桂ビル
TEL／代表　03(3205)8384
振替00140-7-42905
http://www.gendaishorin.co.jp/

デザイン――――――堅田真衣（博報堂）
図版――――――鈴木知哉（nonburu）
企画協力――――――潮凪洋介

印刷・製本　㈱シナノパブリッシングプレス
乱丁・落丁本はお取り替えいたします。
定価はカバーに表示してあります。

ISBN978-4-7745-1922-7　C0034